याज्ञवल्क्य से बहस...

याज्ञवल्क्य से बहस...

सुमन केशरी

राजकमल प्रकाशन

ISBN : 978-81-267-1536-7

मूल्य : ₹495

पहला संस्करण : 2008
पहली आवृत्ति : 2023

प्रकाशक : राजकमल प्रकाशन प्रा.लि.
1-बी, नेताजी सुभाष मार्ग, दरियागंज
नई दिल्ली-110 002

शाखाएँ : अशोक राजपथ, साइंस कॉलेज के सामने, पटना-800 006
पहली मंजिल, दरबारी बिल्डिंग, महात्मा गांधी मार्ग, प्रयागराज-211 001

वेबसाइट : www.rajkamalprakashan.com
ई-मेल : info@rajkamalprakashan.com

मुद्रक : बी.के. ऑफसेट
नवीन शाहदरा, दिल्ली-110 032

YAGYAVALKYA SE BAHAS...
(Poems) by Suman Keshari

मम्मी-पापा की स्मृति में

अनुक्रम

लोहे के पुतले

द्रौपदी के बालों से खून टपक रहा है, दुःशासन का
चेहरा मसृण, आँखों में मद है
हाथ हवा में परछाइयाँ बना रहे हैं
एक रथ दीवार पर उकेरा जाता है
घोड़े लगाम छुड़ा भागे जा रहे हैं
टेढ़ा गांडीव धरा पर पड़ा हुआ है।

अश्वत्थामा द्रौपदी के पाँचों बेटों के सर उठाए दौड़ा चला जाता है
रक्त के तालाब में छिपे दुर्योधन की हँसी गूँजी
और जा मिली पितामह के कराहों से
पहाड़ पर रखा बर्बरीक का सिर लुढ़क गया है
कोई नहीं देखता इस समर को
छोड़ धृतराष्ट्र के
जिसकी भुजाएँ मचल रही हैं भीम का आलिंगन करने को
हाड़ माँस का इंसान वैसे भी
कोई कहाँ बचा
सभी लोहे के पुतलों में बदल गए हैं।

अश्वत्थामा

झाड़ में बैठीं चिड़ियाँ पंख फड़फड़ा
तड़प कर उड़ीं झुंड की झुंड
भयातुर कुछ गिर पड़ीं अवसन्न सीं
उड़े बस उनके प्राण-पखेरू
कुछ पेड़ों के पत्तों में जा छिपीं
कुछ झाड़ियों के भीतर दुबकीं
अभी उन्हें अपने पंखों के टूटने या पंजों या माथे
के चिरने का अहसास न था
वे तो अपनी साँस की आवाज़ तक से खौफ़ज़दा थीं...

चिड़ियों की इस अचानक चहचहाहट-फड़फड़ाहट से
बन्दरों का झुंड चौकन्ना हुआ
खरहों ने कान खड़े किए
और कुलांचे भरने को तैयार हिरण जड़ हुए
यहाँ तक कि गजराज और सिंहराज भी विचलित हो अपना पथ भूले
दूर कहीं कोई चीखा
फिर बर्फीली खामोशी
और उसी पल सब चराचर शिला में बदला

दिगन्त तक गूँजती अन्तरतम से निकली कराहों के साथ
सदियों से बजबजाती
माँस के लोथड़ों से अटी
नाली की बू का-सा झोंका
फैल गया
कोई एक घिसटता चला आता था

आत्मा पर ढोता हुआ
सदियों का क्रोध, घृणा और कुढ़न
बड़ के जड़-सी फैली जटाएँ
जरा से ढीला काँपता शरीर
रत्ती-सी दहकती आँखें
और
माथे से पीव का पिघलता लावा
जिसके स्पर्श भर से
जीवन का विवेक
सारा नैतिक बोध
राख हो जाता था
बच रहता था तो बस आदिम रक्त का बास
जो अपनों को दूसरे से अलग कर चीन्हता था
जो अपनों का समूह रचता था...

अश्वत्थामा के मस्तिष्क की शिराएँ
रह-रहकर चटकती हैं कृष्ण के क्रोध में जलकर
मणिहीन फणधर-सा ऐंठ जाता है उसका जिस्म
और उस घृणा की लपलपाती पाशविक जीभ
निगलने को आतुर हो उठती है भ्रूण तक दूसरों के

दूध-मक्खन से चिकने हुए गात को
भूख की उस बिलख का अन्दाज नहीं
जब आटे का घोल अमृत लगता है
और बदन सोख जाता है
एक-एक बूँद को
धरती की कोख सरीखा।
जीते रहने की इसी लालसा ने तो
रोका था जोखिम भरी कंटीली राहों में पग रखने से
नैतिक सोच के दुर्गम पहाड़ों पर चढ़ने से
पर यही क्या?
धृष्टद्युम्न की बहन का कुलनाश

मानो
द्रुपद की यज्ञाग्नि में अन्तिम आहुति
(मद से अट्टहास करता है अश्वत्थामा
आखिर नमक का मोल भी तो चुकाना है इसी जनम में
ऋण पिता का
जिसने पुत्र-प्रेम के कारण कौरवों का साथ दिया
और
आने वाले सब समयों के लिए प्रश्नों से बिंधा जाना स्वीकार किया
और फिर वफादारी वीरों का गुण है
और शत्रु की समुचित पराजय
सेनापति का धर्म!
मरती आँखों में आनन्द का सोता बहा पाना
विरलों को ही हासिल है
इतिहास ऐसों को ही अमरता का वर देता है
जो एकाग्रचित साध्य को नियोजित करें!

इस स्मृति भर से क्रोध के आवेश में पैर पटकता है अश्वत्थामा
थर्राती है धरती
काँपता है आसमान
और बदबूदार पीव का लावा फूट पड़ता है
माथे के घाव से
चराचर की सारी करुणा
सारे विवेक को
आच्छादित करता हुआ

पर फिर दूसरे ही पल
खुद ही उपजाई
असह्य पीड़ा की मार से तड़पता है अश्वत्थामा
हर पल कृष्ण को कोसता है अश्वत्थामा
क्यों दी तुमने यह शिरोवेदना मनुष्यों की-सी
जो रह-रहकर झकझोरती है अन्तर्मन को
पूछती है दुर्बोध प्रश्न!

क्या कसूर था पांचाली के पुत्रों का
क्या बिगाड़ा था गर्भस्थ परीक्षित ने
सिवाय इसके कि उनकी शिराओं में दूसरे कुलों का रक्त बहता था
पर फिर भी वे अपने को दावेदार कहते थे इस भूमि के।

द्रौपदी

क्या परिचय दूँ मैं अपना
द्रौपदी...पांचाली...कृष्णा...याज्ञसेनी...
सभी संज्ञाएँ वस्तुतः विशेषण हैं या सम्बन्ध सूचक
कभी गौर किया है तुमने
मेरा कोई नाम नहीं!

द्रोणाचार्य के अपमान का बदला चुकाने को
पिता को चाहिए था एक योद्धा
और धृष्टद्युम्न के पीछे
यज्ञाग्नि से औचक ही निःसृत मैं
सबको स्तब्ध कर
खुद ही प्रयोजन बनती रही आजन्म।

सुई की नोक बराबर भूमि न पानेवालों के औरस
अब तक मुझ पर उँगली उठाते नहीं थकते कि
लाखों लोगों की मृत्यु का कारण मैं रही
और कई कहानियाँ बुन ली हैं उन्होंने
महज इसलिए कि मैं कभी रोई नहीं...
गिड़गिड़ाई नहीं
न माँ के सम्मुख जब उन्होंने मुझे बाँट दिया
पाँच बेटों में
और न
कुरुसभा में
जहाँ पाँच-पाँच पतियों के बावजूद मैं अकेली पड़ गई

इतिहास गवाह है कि मैंने केवल कुछ प्रश्न उठाए
कुछ शंकाएँ और जिज्ञासाएँ
और तुमने मुझे नाम ही से वंचित कर दिया!

कृष्णा

मैं पांचाली-पुंश्चली
आज स्वयं को कृष्णा कहती हूँ
डंके की चोट!

मुझे कभी न भूलेगी कुरुसभा की अपनी कातर पुकार
और तुम्हारी उत्कंठा
मुझे आवृत्त कर लेने की

ओह! वे क्षण...
बदल गई मैं
सुनो कृष्ण मैंने तुम्हीं से प्रेम किया है
दोस्ती की है

तुमने कहा—
“अर्जुन मेरा मित्र, मेरा हमरूप, मेरा भक्त है
तुम इसकी हो जाओ”
मैं उसकी हो गई

तुमने कहा—
“माँ ने बाँट दिया है तुमको अपने पाँचों बेटों के बीच
तुम बँट जाओ
मैं बँट गई

तुमने कहा--
सुभद्रा अर्जुन प्रिया है

स्वीकार लो उसे
और मैंने उसे स्वीकार लिया

प्रिय! यह सब इसलिए
कि तुम मेरे सखा हो
और प्रेम में तो यह होता ही है!

सब कहते हैं
अर्जुन के मोह ने
हिमदंश दिया मुझे
किन्तु मैं जानती हूँ
कि तुम्हीं ने रोक लिए थे मेरे कदम
मैं आज भी वहीं पड़ी हूँ प्रिय
मुझे केवल तुम्हारी वंशी की तान
सुनाई पड़ती है
अनहद नाद सी।

याज्ञसेनी

सुनो पार्थ
उस दिन कुरुक्षेत्र में पूछे सवाल
अब भी मुझे विचलित कर देते हैं
पर दिए गए उत्तरों से मैं आज भी आश्वस्त हूँ
बावजूद संशयों के

तुम मेरे मित्र कहे जाते हो
परम्परा तुमसे मेरा यही नाता जोड़ती है
भले ही खुद नहीं मानती
और उसने तुम्हें दोस्ती के दायरे से निकालकर
भक्त बना दिया है।

किन्तु पार्थ क्या तब का सच भी यही नहीं था
क्या तुम या तुममें से कोई भी
कभी मेरा मित्र था
सिवा द्रौपदी के
जिसमें एक ओर खड़े होने का साहस था
प्रश्न पूछने की उत्कंठा
और उत्तर से बिंधे जाकर
पीड़ा झेलने की शक्ति थी

तुम सब तो सभी निर्णयों की
जिम्मेदारी दूसरों पर डाल निश्चिन्त होते रहे हो
यश और अपयश दोनों का ही भागीदार बना मैं
निरन्तर

पुरुष हैं हम
हमारे पूछे प्रश्न शाश्वत होते हैं
और सारे सम्बन्ध केवल पुरुषों से होते हैं
पुरुषों के लिए
हमने इतिहास को इन्हीं कालजयी प्रश्नोत्तरों से परिभाषित
कर लिया है
मिटा दिए हैं असुविधाजनक सवाल
या फिर उनकी धार ही मोड़ दी है अपने हित में

किन्तु सच कहता हूँ
सद्य-विवाहिता द्रौपदी की आहत दृष्टि
आज भी मेरी रीढ़ कँपा देती है
दुविधा-विभक्त मैं
मैंने तो सर्वोपरि माना था माँ के आदेश को
क्यों माँ भी बेटों की जुबान बोलने लगती है
कहो तो पार्थ?

मुझे तब भी द्रौपदी के सामर्थ्य और तुम भाइयों की
दुर्बलता का अहसास था
किन्तु यह क्या कर डाला मैंने
द्रौपदी—
मैं गुनहगार हूँ तुम्हारा
तुम्हारे प्रेम और स्वर्गारोहण में बाधक मैं
लेकिन तुमने हिमालय की ठिठुरन में भी
कभी मुझे दोषी न ठहराया
ऐसा क्यों किया तुमने सखी?
ऐसा क्यों किया?

दरअसल कुरुक्षेत्र के जिन समाधानों से
मैं कृष्ण बना पुरुषोत्तम
उसकी प्रेरणा तुम्हीं हो
याज्ञसेनी

केवल तुम्हीं और कुरुसभा से आती तुम्हारी कातर पुकार
मैं कृतज्ञ हूँ तुम्हारा
आजन्म
प्रिया!

कर्ण

मैं कर्ण
पहली सन्तान किसी स्त्री का
अनाम
ढूँढता रहा जड़ अपनी
उसी पल से
जिस पल धनुष उठाया पहली बार
और सुना सबको कहते
क्षत्रिय के गुण हैं इसमें
सारथि-पुत्र नहीं है यह
राधेय नहीं है यह

दरका विश्वास उसी क्षण
उन सम्बन्धों से
सगा जिन्हें कहते हैं

दौड़कर आया घर
तुम ही हो न माँ मेरी
कह दो बस एक बार...
जा छिपा राधा के आँचल में
मैं राधेय
भीग गया आँचल माँ का...

'सूत-पुत्र'
जिह्वा पर मानो नीमपत्र
कानों में पिघला सीसा

कितना उपहास
कितनी घृणा
पर कैसी विडम्बना
नहीं हूँ मैं सूत-पुत्र
जानता हूँ मैं
जानते हैं वे भी
जिनका नाम जुड़ गया है मुझसे
और जानती है वह भी
जिसने मुझे छोड़ दिया जनमते ही
तिरस्कार की इस ज्वाला में
जलने को आजन्म
जाने क्यों कर

सुना है मैंने
कवच जड़ित अभेद्य है यह देह
पर खोज लेता है कीड़ा भी
एक मर्मस्थल
जिसकी शिराओं से बहता
अभिशाप फैल जाता है पूरी देह में
क्षण भर में

आह
नहीं हूँ ब्राह्मण-पुत्र
सो भूल जाऊँगा ब्रह्मास्त्र ज्ञान
यथा समय
यही अभिशाप है गुरु का
धँस जाएगा रथ का पहिया
बीच समर में
नियति बद्ध है
क्रोध ब्राह्मण का

आह

ब्राह्मण
जिसका वेश धर माँग ले गए कवच कुंडल
इन्द्र स्वयं
पिता अर्जुन के
फिर से स्मरण हो आया
ब्राह्मण का अभिशाप
निःशब्द

अर्जुन हों श्रेष्ठ धनुर्धर
सो गवाँ बैठा एकलव्य अँगूठा दाहिना
उपहासित हुआ सभा में यह सूत-पुत्र!

जान गया—
जन्म से नहीं
कर्म से भी नहीं
सम्बन्धों से तय होती है नियति
इसी का भार चुकाया
द्रौपदी ने सभागार में
अभिमन्यु ने व्यूह में
प्रतिद्वन्द्वी अर्जुन
विजेता द्रौपदी का
पिता अभिमन्यु का!

अर्जुन
सहोदर मेरा
यही तो कहा था कृष्ण ने
युद्ध के ठीक पहले
मिली थीं कुन्ती
अश्रुजल पूरित नयनों से
माँगा था जीवन-दान
अपने जायों का
अपने उस पुत्र से

जिसे जन्मते ही बहा दिया
योगियों की-सी निःसंगता से
उत्ताल लहरों से खेलने
भँवरजाल से अकेले जूझने

उन्हीं कुन्ती ने आँचल फैला
माँगा था जीवन-दान
अपने पुत्रों का
मुझ सूत-पुत्र से
मुझ राधेय से

खौलता है रक्त धमनियों में
भार हो जाता है सब
यह धन्यधान्य
वे कवच-कुंडल
यह देह
सब

मुक्त हो जाना चाहता हूँ
सभी से
मित्र-अमित्र
अपने-पराए
सभी से
स्वयं अपने से
और इस जन्म के अभिशाप से

मुक्ति की यही कामना
महादानी बनाती है
मुझे
इसी जन्म में
यह कैसी विडम्बना है!

सीता...सीता

रात के अँधेरे में
द्वार के पार
आँगन में
आँगन पार
पेड़ों के झुड़मुटों से
घास के मैदान से
और उसके भी पार
बहती नदी के बूँद-बूँद जल से
किनारों पर इकट्ठी रेत के कण-कण से
और नदी पार फैले पहाड़ों की चट्टानों से
जिस पर खड़े होकर आकाश जरा कुछ करीब नजर आता है
सो उस आकाश में भी
एक ही शब्द गूँज रहा था।
सीता...सीता

नाभि की गहराई से निकलती थी आवाज
और फैल जाती थी चारों ओर
मन्त्रजाप-सी
सीता...सीता...

खेत में धान-सी
मेड़ पर घास-सी
जंगल में बेर-सी
बाग में आम-सी
केवट के नाव-सी

रेत में सीप-सी
पत्थर में नमी-सी
सूरज में किरण-सी
अग्नि में ताप-सी
वायु में प्राण-सी
जल में धार-सी
आँख में रोशनी-सी
जिह्वा में वाणी-सी
देह में आत्मा-सी
पीड़ा में कराह-सी
भूख में आह-सी
तृप्ति में नींद-सी
तांडव में हाहाकार-सी
हर जगह व्यापी-सी
सीता...सीता...

धरती की कोख से
बीज-सी फूटी
झेलती हल नोक
सुकुमारी शिशु कन्या
खेलती शिव धनुष से
शक्ति कर लेती शिवप्रिया से

निर्वात लौ-सी अडिग
चली वन प्रिय संग
निर्द्वन्द्व
बनी तापसी
सच कहा कवि ने
रखते पग वीर ही
अदेखे पथ पर
प्रेरित हो प्रेम से
साहस ही देखता है स्वर्ग मृग को

खोजता है वन-वन उस अप्रतिम धन को
लाँघता सीमाएँ
चुनता पथ दुर्गम
कठिन भविष्य

विरंचि और इन्द्र
शीश झुका खड़े हों जिस द्वार
उस दशानन के सम्मुख
प्रज्ज्वलित दीपशिखा-सी खड़ी हुई सर उठा
विश्वास प्रेम का
अपने प्रिय पर
तपी आग सोने सी
प्रेम पगी

डिगा नहीं विश्वास प्रेम पर
प्रिय के
उस वन में भी गर्भिनी स्वाभिमानिनी
बस आहत था मान
मृण्मयी का
टूटी बिखरी धरा में मिली
स्वरूपा, जीवनदायिनी, जगत-व्यापिनी माता
शक्ति राम की
वेदना भगवान् की
करुणामयी

जल में थल में
धरती आकाश में
पवन संचार में
सीत में ताप में
गूँजती मन्त्र-सी
सीता...सीता...

आह! राम

प्रियतम के बढ़े हाथों को अदेखा कर
पति की पुकार अनसुनी कर
माँ की गोद में समाती जाती सीता के घने केश ही
राम के दाएँ हाथ की मुट्ठी की पकड़ में आए थे
पीछे घूमीं सीता
पर देख पाए राम प्रिया की दायीं आँख की कोर पर
टिका
एक अश्रु बूँद
बस
और मुट्ठी में बचे रह गए कुछ केश
जो राजा की निस्सहायता, स्त्री की वेदना और
माँ के क्रोध में झुलस
उसी पल बदल गए काले विषधरों में
फन काढ़े
फुफकारते

लवकुश के सहारे
शिथिल पग लौटे भवन
भगवन्

साँझ हो चली थी
सहसा देखा कि
अनामिका की रत्नजटित अँगूठी में
फँसा रह गया था एक बाल सीता का
बादलों में लिपटे सूरज के सुनहले किरण-सा

मुक्त किया राम ने बाल को रत्नों के जाल से
सहलाया चूमा और सूँघा

याद आया उपवन विदेह का
दुर्गाध्यान लीन
मेघ राशि से जल बरसाती
सद्यस्नाता
मैथिली
जिसकी लटों पर मँडराते थे
अमृतरस प्यासे
तितलियाँ, भँवरे, मधुमक्खियाँ
बँध कर रह गया था मन उन बालों में
राम का

फिर याद आया
सौन्दर्य राजस
मणि मुक्ता सज्जित
अप्रतिम श्रृंगार
सुवास चमेली-सा
लहरदार
घूमती है उँगलियाँ एक-एक लहर में
खुलती है लटें फैलाती स्वप्न जाल
पिघलता जाता है तन-मन
उस कस्तूरी बास में
ओह तभी तो वन में मृगी
पकड़ लेती थी मुख में सीता के केश
फिरती थीं पीछे-पीछे आस लिए

फिर पहुँचा मन पंचवटी
तृणशय्या पर बिखरे सीता के बाल
बेला चम्पक माल
शरद पूर्णिमा में हरसिंगार बहार

महकती गंध पुष्पों की
महक उठा तन मन संसार
आलोक प्रेम का
देह हुई सुवासित सीता के प्रेम में
राम की
प्रथमा की चाँद-सी स्मित चमकी
गहन अँधकार में
लवकुश ने देखा किया
और सुना
सीता...सीता...

गूँजी प्रतिध्वनि राम-मन
वन में ढूँढते फिरे राम-लखन
प्रिय-तिय को
पहुँचे किष्किन्धा
मिला कर्ण-फूल
लिपटा था उसमें भी एक बाल प्रिया का
मन में उठी कचोट
दुबका क्रोध भभका
क्यों दिया इतना मान
नारी को
कि करे मनमानी
चाल चले अपनी-सी सदा ही
क्यों किया तुमने पार
रेखाकार
जला न सका जिसका दोष
कोई अंगार
आज तलक

प्रश्नों के नहीं समाधान आसान
माँगती स्मृतियाँ पल-पल का हिसाब

झेलता है बाण

वीर रणधीर
तपाते हैं सोना ही आग में
पार उतारती नदी जो नाव
खाती उसे ही जलधार
जानता यह केवट ही
जलाती है अग्नि दीप-शिखा
जलता है स्नेह
कोई नहीं देखता
ध्यान बस आलोक पर
कोई नहीं जानता
गहन अँधेरा अन्तरतम का

नियमों से बँधा विवेक
बूझ न पाया सत्य प्रेम का
कभी भी कहीं भी
रह गया बस
खंड-खंड सत्य
वन का
राज का
केवल वेदना अखंड
प्रेम के अपमान की

इसी तरह बीता किए
दिवस मास वर्ष
दिवस...मास...वर्ष...
रिसता गया दुख और क्रोध
आत्मा के तल तक

कभी याद आते पिता असहाय
फिर स्मृति में जगती माँ की वेदना
और कैकेयी का अभिमान
तत्क्षण कौंध जाते

लखन के क्रोध भरे नयन
देखा था जिनसे उसने
पिता को वनवास समय
वही तिरस्कार भभका था
उन नयनों में
जब सीता को दिया था
वनवास नृपति ने
रहते थे आश्वस्ति भरे जो नयन सदा झुके चरणों पर
लखन के नयन
आह
आश्वस्ति भरे
पूर्व उस पल के
जब उठा था हाथ दाहिना
देता सीता को वनवास
पीड़ा पक्षाघात की
एक अश्रुबूँद ढुलका
विलीन हुआ भूमि में
त्वरित

चुभकर रह गया वह बचा बाल
कील-सा
राम के हृदय में
पनप गया विषधर में
पीकर श्वास
उसकी विषज्वाला से दग्ध राम
धँसते जाते हैं अगाध जल राशि में
सरयू की

आह राम...

महारण्य में सीता

माँ, इस महारण्य में
जहाँ दुःख, लज्जा और क्रोध से संतप्त मन
और गर्भ में आकार लेते
शिशुओं के अलावा कोई और साथ नहीं
तुम याद आती हो।
तुम्हें
जिसे भुला दिया है सभी ने
इन सारे समयों में।
हाशिए पर भी कहीं मौजूद नहीं तुम
क्योंकि जननी नहीं तुम
नहीं सींचा खून से तुमने मुझे।

पुत्र नहीं मैं
सो रचे नहीं गए
मेरी क्रीड़ाओं के गान
शिव धनुष से खेलना बस एक अनहोनी घटना भर थी
जो मेरे हिस्से रही
पिता के मन में उम्मीद जगाती
श्रेष्ठ जामाता की
पिता द्वारा स्वयंवर की घोषणा पर
पलक के कोर में आँसू छिपाती
तुम्हारी वह छवि
ससुराल भेजते समय
एक अनजाने भय से कम्पित
तुम्हारी मुस्कान

हर पल अपने आँचल में मुझे छिपा लेने की तुम्हारी चाह...

कहते हैं माँ का मन
आइना होता है
जाने क्या तो देख लिया था माँ तुमने

मेरी इस अवस्था में तुम्हारी स्मृतियाँ ही तो सम्बल हैं माँ!

सौन्दर्य और पीड़ा से परिभाषित इस जीवन में
माँ, अब जब कोई यहाँ साथ नहीं
तुम याद आती हो
उस पृथ्वी-सी
जिस पर कदम रख हम खड़े होते हैं
मानों खड़े हों अपने दम पर...

स्त्री का अपराध

खिड़की के पार
साल दर साल
एक ही नज़ारा
विजयोल्लास का
शामिल होते हों जिसमें
अंगद, सुग्रीव, हनुमान
दोहराया जाता था दृश्य
रावण पराजय का

जलती मशाल लिये शत्रु के पुतले के चारों ओर
घूमते राम का अभियान
प्रतिबिम्बित होता था जन-जन के मुख पर
गूँज जाती थीं दसों दिशाएँ
राम के जयजयकार से
तब रावण के विशाल पुतले को
फूँकते थे राम
विजयी के उल्लास से
राजा की दर्पाग्नि से

अजेयशत्रु पर विजय
गाथा बन-बन गूँजती थी अयोध्या की गलियों में
घर-घर के आँगन में
राजा हो तो ऐसा।

धधकी स्मृति ज्वाला-सी

सीता के मन में
खेलते मृगशावक संग
वाल्मीकि उपवन में
याद आया फिर
अट्टहास रावण का
हरणोपरांत...

पल-भर में बदल गई सीता
जीत और हार में
पावन-अपावन में
मिट गई रेखा अलंघ्य नीति-अनीति में
बस उसी पल
हो गई प्रीत की रेख अलक्ष्य
मरुस्थल की नदी-सी

लौट आता है मन
वन में
पर्ण-कुटीर के आँगन में जलती चिता
घेरे खड़े हैं
सुग्रीव, विभीषण, अंगद, हनुमान
सर झुकाए खड़े हैं बूढ़े जामवंत
और कसमसाती मुट्ठियाँ लिए बेचैन लक्ष्मण

अर्धोन्मीलित राम
ध्यान मग्न
निर्णय पर अडिग
बस हल्की सिरहन बाएँ कपोल पर
आशंका अनिष्ट की
(यह भी उजागर बस सीता के नयनों में—एक गोपन सम्भाषण-सा)
देर रात सहलाते रहे तलवों को
लिए कर कमलों में
प्रियतम

निःशब्द

वही निःशब्दता व्यापी थी
धोबी के कथन से
बस काँपा था बायाँ गाल
उँगलियाँ कसमसायी थीं दाएँ हाथ की
मुख हुआ विषण्ण
छूटा निःश्वास
ध्यानमग्न हुए राजा
पल-भर बाद ही
सभागार खाली हुआ
जाते वसंत-सा

द्विधाविभक्त मन रघुनन्दन का
बँध न सका केवल तिय से
स्मृतियाँ अतीत की
शूल-सी चुभतीं
हिय में
मन दौड़ता घर के बाहर
ढूँढने अवलम्ब
भविष्यत् स्वर्ण-मृग-सा
भरता कुलाँचें
अब तक अवसन्न मुख
तन गया त्याग के अभिमान से
देखा किया कई पल
सीता को
अपलक
सँजोई छवि तिय की हिय में
बनाया संबल निःशेष

रच दिया जीवन का महाकाव्य
एक उस पल में

भर उच्छवास
सोचती है सीता
अपराध जनम का
स्त्री का...

रावण

युगों-युगों से
साल दर साल
करोड़ों के सात्विक क्रोध और घृणा की अग्नि में झुलसता
रावण
आज हँस रहा है खिल...खिल
उसकी इस हँसी में अपने निरबंस हो जाने की पीड़ा से लेकर
सुकर स्वर्गारोहण के लिए सोने की सीढ़ियाँ न बनवा पाने
की कुंठा शामिल है
और शामिल है वह दम्भ कि युग-युग तक
राक्षस कहलानेवाले रावण ने भले ही राम की तरह
न वचन का पालन किया
और न उनकी तरह समाज द्वारा समादृत लीक पर चलकर देवत्व
पाया
पर वह उस युग में भी पैरों की जूती समझी जानेवाली
स्त्रियों की लाज रख सका और उनके मन को समझ सका...

बहन के अपमान से विक्षुब्ध रावण की करतूत तो कलंक-गाथा रही
पर राम का शूर्पनखा के साथ किया व्यवहार समाज-संगत
क्योंकि
सच तो यह है कि
संकोच स्त्री का आभूषण है
कैसी भी इच्छा का जाहिर हो जाना
शोभा नहीं देता
स्त्री मर्यादा का पर्याय है
जिसकी रेखा का उल्लंघन

निश्चित विनाश का आधार है!
तो उस आत्मचेतस रूपगर्विता शूर्पनखा (मूलनाम जाने क्या रहा होगा उसका)
ने अपने होने
और उस होने से जुड़ी कामनाओं को निःसंकोच
उजागर कर दिया था
इसके इतने अपराध भर से समाज की मर्यादा
रसातल में धँस गई
और देवपुरुष, लोकानुरागी, पतितपावन, कृपालु राम की
आज्ञा से परम आज्ञाकारी लक्ष्मण ने सद्य
उसे नाक-कान विहीन कर कुरुप बना डाला
और उसे बेहया, स्वेच्छाचारिणी, बदचलन घोषित कर
सदा-सदा के लिए इतिहास-च्यूत कर डाला।

बहन के अपमान का बदला चुकाने में
वंश का नाश हुआ,
पर रावण को इसका दंश नहीं
कौन चुकाता है बहन के अपमान का बदला
सर्वस्व होम करके
कितने नर अपने अधीन पड़ी, निरुपाय, निःसहाय परमसुन्दरी
स्त्री की चाहना का पात्र बने बिना
उसके बलात् उपभोग को अकृत्य कर्म मानते हैं
और निभाते हैं इस वचन को मरते दम तक
स्त्री की इच्छा का सम्मान करते हुए उद्दाम वासना
पर काबू पाना महान है
अपनी इस शक्ति पर गर्व करता है रावण
और इस दम्भ से हँसता है रावण
कि उसके परम शत्रु पुरुषोत्तम राम का नाम ले लेकर
युगों-युगों से प्रश्नातीत घृणा, क्रोध की अग्नि में
झुलसानेवालों का
स्त्रियों से व्यवहार उसी लीक पर चलने जैसा है
जो उनके पूर्वजों ने उकेरी थी
पर उसी क्षण चौंकता है रावण

क्यों किया था उसने सीता का हरण
इसीलिए न क्योंकि उसी सीता के कारण
राम ने शूर्पनखा को ठुकराया था
और उसे क्षत-विक्षत कर मानो सत्वहीन कर दिया था
पर क्या सच इतना भर है
कहीं यह तो नहीं कि राम को उसी धरातल पर
ललकारने के लिए
उसने भी स्त्री को रणभूमि में बदल दिया था
क्योंकि स्त्री का अपमान शत्रु का अपमान था।

क्या अपराध था सीता का
सिवाय इसके कि वह शत्रु की ग्रहीता थी और
लक्ष्मण-रेखा पार करने में सक्षम!

यह जानते ही
काँपता है रावण
और अपने अब तक के दम्भ पर अचम्भित
शर्म से ढहता है रावण।

राधा-1

वह जो पूर्ण है
सोलह कलाओं से युक्त
पूर्ण पुरुष कृष्ण
क्या तुम्हारे बिना पूरा होता
कहो तो राधा

आराधक नहीं
आराधिका से ही पूरा होता है पुरुष
बनता है ईश्वर
सभी कालों में

राधिका-आराधिका
आराध्या-राधा
राधा-कृष्ण राधे-श्याम
तभी तो वृन्दावन में
राधे कहते ही
कान्ह मुस्करता है
क्योंकि वह जानता है कि
विरह के आँसू बहे बिना
कोई पुरुष जान नहीं पाता प्रेम को
नहीं पहचानता स्वयं को
नहीं बन पाता पूर्ण
कभी भी कहीं भी
इसीलिए खोजता है उपाय
पाने को बूँद भर आँसू—
जिसमें पनप सके बीज-सा वह
अपनी तरह।

राधा-2

प्रीत की लाली को सौम्य नीला रुपहला बनाता
राधा का प्रेमानुराग
इस नीली प्रीति को समाहित कर
हो गए कृष्ण आकाश से विस्तृत
प्रेमजल भरे मेघ से सघन

निगूढ़ प्रीति
राधा-कृष्ण की
रात की तरह
मृदुल

बस
घुलती है
काजल-सी
विरह के अश्रुजल से
उद्भासित होता है प्रेम
इन्द्रधनुष-सा
अमिट
कालजयी

माधवी

माधवी माध्यम
योग्य शिष्य गालव की गुरुदक्षिणा की
प्रमाण गुरु के सामर्थ्य और शिष्य की अप्रतिम निष्ठा की

आठ सौ श्यामकर्ण अश्वमेघी घोड़े माँग लिए
विश्वमित्र ने बेहिचक
आखिर यह भी तो शिक्षा का ही हिस्सा था
कि विद्यार्थी सम्भव करे असम्भव को
किसी भी नीति से

मित्र और ब्राह्मण यदि याचक बन आ खड़ें हो द्वार पर
तो उन्हें खाली हाथ लौटाना उस चक्रवर्ती को भी शोभा नहीं देता
जो जरा-सा और रसरंग भोगने के लिए पुत्र पुरु से
माँग लेता है यौवन तक
फिर यह तो अतिथि ब्राह्मण की सेवा थी
ब्राह्मण जो नीतियों का निर्माता है

तो यह दान नीतिपूर्ण भी था और राजा को अमर भी करता था
क्या हुआ अगर बेटी ब्राह्मण की साधना के लिए
कई-कई पुरुषों से संसर्ग करे
क्या कभी किसी ने धरती से पूछा
वह किसके बीज जो धारण करेगी?

कर्ता है पुरुष सच्चिदानन्द स्वरूप
उसी का सत्य है स्त्री का सत्य

उसी की चेतना स्त्री की चेतना है
और उसी के आनन्द में है स्त्री का आनन्द

सो धर्मपालक पिता ने सौंप दी गालव को
अपूर्ण सुन्दरी माधवी
जिसे वर था अक्षत यौवन का पुत्र जन्म के बाद भी

ऐसी अद्भुत नारी
भला कौन न होता धन्य उसे पाकर
किसका पुरुषार्थ तृप्त न होता इस काम्य फल से
उन विश्वमित्र का भी
जिन्होंने साहस किया था इन्द्र को चुनौती देने का
मानव द्वारा सशरीर स्वर्ग-फल भोगने का

तो दो सौ घोड़े कम देख
शिष्य की प्रार्थना पर गुरु विश्वमित्र ने
माधवी को भोगा
और जाना
कि तीन फलों का सुख उन्होंने खो दिया
अज्ञानवश...
अब बस मोह बचा था
जिसे वे मुट्ठी में बाँध लेना चाहते थे

माधवी माधवी
मायामयी माधवी
गालव की साधना की पूर्णाहुति माधवी।

आज सब पूछते हैं—
क्या कभी तुमसे पिता ने पूछा
क्यों चुनी तुमने वनस्थली स्वयंवर के लिए?
क्या तुमसे कभी महर्षि गालव ने जाना
चार-चार पतियों के होते

क्यों बनी तुम तपस्विनी?
क्यों की क्रीड़ा हिमशावकों के संग
क्या तुम्हें पुत्र कभी याद न आए?

पर माधवी
क्या कोई चक्रवर्ती, साधक या तपस्वी
बाँध पाया है गगन मिट्टी, वायु, जल या ताप को?
क्या कभी रोक पाया कोई
बीच को धरती पर गिरने और उगने से?
रात को दिन या दिन को रात में बदलने से?

माधवी माधवी कमल-पत्र माधवी
माधवी माधवी पृथ्वी-सी माधवी

किरणों में उगतीं
चिड़ियाँ-सी चहचहातीं
शाम की उदासी में
घास-सी बिछ जातीं
जब कभी देखा सुन्दर वन प्रान्तर
तुम्हीं याद आईं माधवी...माधवी...

सत्यवान से अचानक हुई एक मुलाक़ात...

अभी कल शाम ही
सैर करते अचानक
एक बूढ़े बरगद के नीचे बैठे
बीमार, शिथिल, कमजोर
सत्यवान से भेंट हो गई

कुछ अजीब-सा ही दृश्य था
पेड़ पर बस चन्द ही पत्ते बचे थे
उभरी धमनियोंवाले मोटे शुष्क
अपने में सिकुड़ते
हवा से काँपते
रुखा तना, खंडित शाखाएँ, अधनंगा वट
जटाएँ सूख चली थीं
दूर-दूर तक न कोई और तरु
और न आसमान को ताकती
कोई कोमल कोंपल

उस पथरीली जमीन पर
जहाँ चट्टानों के सिवा कुछ न था
कोंपल और तरु की आशा
निराशा ही बनती

उस बंजर में
जाने किस आशा से फूटा था वह बड़
सतयुग और त्रेता के सन्धि काल में

सम्भवतः

वहीं उसी वृक्ष तले
बैठे थे वृद्ध शिथिल सत्यवान
हथेली की ओट में
आँखें सिकोड़े
दूर देखते
इन्तजार करते सावित्री का
जो बदल गई थी शिला में
तपते-तपते

अन्तस की अमृत सलिला से प्राण पाता
सत्यवान को छाया देता
बड़ आज भी जीवित था
बस एक बूँद आँसू की आस में...

कबीर-अबीर

कबीर-अबीर

छोटी उमर में पहली बार दिदिया के मुँह से
कबीर का नाम अबीर सुनाई पड़ा था
अबीर की गुलाल? दिदिया को चिढ़ाती
खिलखिलाती मैं उसकी पकड़ से दूर भागी थी
वह तो इम्तहान के डर से थर्रायी थी
रट रही थी दोहों को बिना रुके
जाने क्या बोलती थी बाद में वह हिन्दी में
जिसे मास्टर जी सुधारते जाते थे टोक-टोक
बहुत दिनों तक कबीर मुझे अबीर के नाम से याद रहे...

फिर पाँचवी कक्षा में कबीर के दोहे पढ़े तो लगा
अरे लाल मेरा प्यारा रंग यह कबीर कहाँ के अबीर
वे तो जो कुछ थे गुरु की महिमा से ही थे
कि उन्होंने रखा था पल-पल का हिसाब
न कभी हँसे न खेले
बताते रहे सभी को
कि काल्ह करे से आज कर
कि जल्द ही मर जाना है

अब लगता है मानो जिन्दगी के उछाह से
कदम न मिला पाने से घबराए बूढ़ों ने
अपनी बराबरी गोविन्द से कर
खुद को उन्हीं के समकक्ष बैठाते हुए
कबीर के मार्फ़त अपनी महिमा बखानी

और जिन्दगी भर का लेखा-जोखा करने पर
पूर्वजों और खुद के टालूपन से परेशान
इन्हीं बूड्ढों ने
वे सब काम आनेवालों के हवाले कर दिए
जो नहीं कर पाए थे अब तलक
सो इस तरह अपनी आत्मा का बोझ
उतारने के बाद वे जी सके कुछ और पल
और सो सके चैन की नींद

कुछ और बड़े होने पर
मैंने कवि को टुकड़ों-टुकड़ों में चिरा देखा
क्षत-विक्षत खून से लथपथ
एक टुकड़ा मौलवियों को धिक्कारता
पंडों को पछाड़ता
सभी रगों में दौड़नेवाले खून को एक-सा बताता
जात और मजहबों के मेल का झंडा लिए
हमारे बीच खड़ा था
ललकारता-सा!
दूसरा टुकड़ा
बूँद और समुद्र के सम्बन्ध बखानता
विरहनी बन पीव को तलाशता
राम की बहुरिया हो राम ही में समाना चाहता था

अब यहाँ तक तो ठीक था कि कवि
लाल की लाली में खोया
प्रेम को जीवन का सुलितान कहे
पर यह क्या कि
पीव के इन्तजार में विरहिनी
देह ही जला दे
राम की बहुरिया बन
जीवन ही गँवा दे
पर इसके बाद भी महाठगिनी कहलाए

जिसकी झाँई से नर की क्या बिसात
भुजंग ही अन्धा जाए

ओह ये सभी रूप
एक-दूसरे से कतई जुदा थे
इतने जुदा कि कवि की कराहें भी न पाट पाती थीं बीच की खाई
पर अपने-अपने फूल समेटे मदमस्त थे शिष्य
कि उन्होंने खोज लिया था अपने कबीर को
जिसके सलीब का झंडा ताने वे बढ़ गए थे
अपनी-अपनी मंजिल की तरफ़
तेजस्वित
निर्द्वन्द्व

बड़ा मुश्किल रहा कई बरस
रहस्यमय शब्दों के जाल में उलझे बिना
इन उलटबांसियों की रस्सी के सहारे
गहरे सागर पैठ
कबीर के मर्म का मोती तलाशना
कई-कई दिमागी मकड़जालों से छुड़ा
उकेरना एक पूरे मनुष्य की छवि
मय आत्मा के
जो ज्ञानी भी था भ्रमित भी
मस्त भी था और चिड़चिड़ा भी
जो प्रेमी भी था और विरहनी भी
जो था धरती की कोख और आकाश का बीज भी

आतम तेजस पुंज
प्रेम के क्षणों में
कस्तूरी से महके तुम
मृत्यु की घड़ी में
निर्वेद बने तुम
साधना के क्षणों में बोध हो तुम

दुविधा की घड़ी में
अढ़ाई आखर
वेदना के क्षणों में अनल अकासा
याद आते हो इसी तरह रोज व रोज
कबीर
मेरे अबीर।

धुंध में बच्चा

बच्चा
धुंध में खो गया है
रात के अँधेरे में उतरती धुंध
कालिमा को धुंधलाती है...

दूर खड़ा बिजली का खम्भा
हवा में टँगे दीए-सा टिमटिमाता है
डाल से गिरती पत्तियाँ
बिछती जाती हैं पाँवों के नीचे
लगभग बेआवाज़

बच्चा
बाहों को आगे फैला
हाथ को धुंध में ढूँढता है
गायब देख खिलखिलाता है

धुंध के पीछे से गूँजती है खिलखिलाहट अकेली
और उभरती है एक अस्पष्ट आकृति
खुड़...खुड़...खुड़...खुड़...
दो नुकीले तलवार आगे बढ़ते आते हैं
एक खुह की आवाज़ के साथ

काँपता बच्चा दो कदम पीछे हटता है
धुंध की आड़ में
निगाहें पैनी कर धुंध को चीरता है

धीरे-धीरे घिसटती आती है
पूँछ कटी गाय
खड़ी हो
आशंकित नज़रों से देखती है बच्चे को
फिर बढ़ जाती है आगे
खुड़...खुड़...खुड़...खुड़...
बच्चा हँसता लोट-पोट हो जाता है
उछलता-कूदता
अँधेरे में पत्थर उछालता है
बस एक आवाज
ठक
बच्चे के अकेलेपन को खटखटाती है
डरता है बच्चा
रोता है
धुंध में
अकेला...

मेरे बच्चे

मेरे बच्चे जैसे कि सुबह
सुबह की नर्म ठंडी बयार
धुंधलके को छाँटती सूर्य के पहली किरणों-सी
उनकी आँखें और मुस्कुराते ओठ
एक आश्वासन
जीने की एक चाह

मैंने तुम्हें माइकल एंजेलो-सा तराशा है
कि तुम भीतर प्रकाश से फूटे
कि कहीं एक नन्हीं-सी बूँद
तपते रेत पर जा पड़ी और मैं सुन्दर जलाशय में बदल गई।

मुझे अब तक याद है प्रकाश क़ी वह ठंडी किरण
जिसकी यात्रा के कई साल कुछ लम्हों से लगे
और वह लम्हें मैंने मदहोश आँखों से कई-कई बार जीए

तुम्हारे आते ही
मैं
बौर लगी अमराइयों की तरह
या फिर पक रहे गेहूँ के खेत-सी
कलियाँ चटकी मेहँदी की झाड़-सी महक उठी
तन-मन व्यापी कस्तूरी गन्ध!

तुम भीतर हिले
मानो जल-तरंग से बजे

या फिर शिशुपक्षी ने पहली बार उड़ने के लिए पंख फैलाए

ऐ जमीन फोड़ झाँकती नन्हीं कोपलों
तुम मेरे आकाश पर इन्द्रधनुष से खिले
मैं एक सागर में बदल गई और तुम किश्ती में

तुम मेरे लिए वर्णमाला के पहले अक्षर की-सी मूलध्वनि हो
और वह पहलाराग जिसे आदि मानव ने गाया था।

हे मेरी हथेली की भाग्य रेखा
तुम ग्लोब की तरह हो
जिसके मुख पर दुनिया दिखती है

चाँद उम्र-भर...

आज द्वितीया है
चन्द्रदर्शन का दिन
ज्यों लिख दिया हो बिटिया ने हल्के हाथों से कागज पर
सुनहले पेंसिल से 'सी'
यूँ दिखेगा चाँद पल-भर को
फिर विलुप्त हो जाएगा
आँख-मिचौली खेलता
छिपने को घर भाग जाएगा
जहाँ से उसकी बुढ़िया अम्मा
आज उसे फिर खेलने को न भेजेगी
दुबका देगी सरेशाम बिस्तर में

कल आएगा—
तो सुख से खा-सोकर—
थोड़ा हट्टा-कट्टा होगा
और फिर कुछ दिनों बाद हट्टा-कट्टा गोल-मटोल चाँद
इम्तहानों की परेशानी में
घुटता-घुटता
खो बैठेगा खुद को
इसी तरह चलता रहेगा जाने कब तक
और
बिटिया तब तक कई-कई 'सी' लिखकर
कई सीढ़ियाँ चढ़ चुकी होगी उम्र की
चाँद यूँ ही उसे दिखता रहेगा उम्र-भर
पाया-खोया

खोया
पाया
की तरह
उम्र भर!

पींग वाले झूले की तरह...

पींग वाले झूले की तरह
मनुष्य जीता है
आधा अतीत
आधा भविष्य
पूरे जीवन भर
घोड़े की खुर-सा वर्तमान रौंदता...

बूढ़े की आँख से देखता शव को
बच्चा है
जर्जर शरीर को थामें हैं प्रश्न
मन उड़ता है पक्षी-सा हर पल
शव की आत्मा से कामिनी की देह तक...

भूख से अंतड़ियाँ कुलबुलाती हैं
देह काँपती है ठठरी-सी थर...थर...
बारिश में
भय की
कामना की
द्वन्द्व की
सम्भावना की

धिक्कारता है मन
आत्मा के द्वन्द्व को
सामने निविड़ अन्धकार दूर तक फैला हुआ
उठ चलूँ क्या

बस यही वर्तमान...

एक स्वर
आदिम चाह से उपजा निकट आता है
गुँजा जाता है
धरती...पवन...आकाश...
कोमल हथेलियों का स्पर्श
जर्जर आत्मा को सहलाता
वर्षों के मवाद हटाता
सलवटें मिटाता
ठहर जाता है पल वहीं एकटक
क्या यही वर्तमान?

पल भर बाद ही
आभासित होता है चेहरा निरुद्विग्न
शायद अपना ही जो देखा था कई बरस पहले प्रिया की आँखों में
एक वही चेहरा
या वह
जिसे देखा था तृप्त-संतृप्त
बदल-बदल जाता है
कई-कई चेहरों में
सूरज की पहली किरण-सी मुस्कान फैलती है होंठों पर
कमल पर पड़ी ओस की बूँद की थरथराहट-सी
शायद यही वर्तमान है!...

कल...-1

मैंने तथागत से पूछा
क्या तुमने कल को देखा है?
एक हल्की स्मित कौंधी
मैंने तो बस कल ही को देखा है

कल...-2

कल कभी नहीं आता
आता है तो बस आज
और हम
अपने सारे सपने और वायदे
कल पर टाल देते हैं
और आज व्यतीत हो बीता हुआ कल बन जाता है
अतीत हो जाता है
जो फिर कभी नहीं लौटता।

कल जो न लौटता है न आता है
आता है तो केवल आज
और उस पल में हम
बीते हुए कल को सेते हैं
और
आनेवाले कल के सपने संजोते हैं
और
आज हमारी बाट जोहते-जोहते
व्यतीत हो जाता है
कल हो जाता है
अतीत हो जाता है।

फ़ौजी

बाँई पलक पर टपका एक बूँद
सिहरा तन
अधखुली आँखों पर खिंच गया इन्द्रधनुष
वह गुनगुनाती-सी बुला रही थी
चेहरा उस पर झुकाए
कनपटियों को सहलाती
आँसू बरसाती...

उभरी मुस्कान
होंठ हिले
अस्फुट-सा कुछ फूटा
उँगलियाँ फड़फड़ाईं
छूने को कोमल हाथ
प्रिया के

तभी तड़ातड़ कई बूँदें गिरीं
चेहरे पर, उँगलियों पर, गर्दन पर, बालों पर
और हवा का तेज झोंका
सिहरा गया तन और मन
मुँदने लगी आँखें
उन्हें खोलने की कोशिश में
दर्द की तेज़ लहर दौड़ गई गर्दन से रीढ़ तक
पलकों पर कई तारे टूटे
ज़ेहन से टकराई गोलियों की आवाजें
एक चीख़ घुटी-सी

फिर सब शान्त
अँधेरा घना होता गया...

यह कौन चीखा
मन ने किया सवाल
चुपचाप रहो
धर लिए जाओगे
सुन पड़ती है बूटों की आवाज कहीं दूर
खट...खट...खट...
कुछ खसपुसाहटें और तेज रोशनी
शायद टॉर्च
"वहीं है...वहीं कहीं"
"आवाज वहीं से आई थी"
क्या उसे वहम तो नहीं हो रहा
क्या सच में सुनी थी उसने खुसपुसाहटें
"रात हो गई"
"कल ढूँढ़ेंगे"
"अरे खा जाएँगे जंगली जानवर रात भर में"
"कहीं कोई खुफ़िया कागज हो उसके पास"
"या फिर असला"
"कोई ट्रांसमीटर"
"कोई और चीज"
"जानवर कागज नहीं खाते न लोहा प्लास्टिक"
हँसा एक क्रूर हँसी
"कल सब बचा रहेगा सिवाय उसके"
"उसका क्या करना है—"
छोड़ इसके कि कोई जानकारी हासिल हो जाए मुँह-जुबानी
"बोलने लायक होगा वह?"
"गोली ऐन गर्दन पर लगी थी
लम्बी खड़ी घास में
इस तरह धँसा था
मानो कंदरा में गिरा हो"

‘कौन जाने गिरा हो कंदरे में ही?’
‘कौन ढूँढे उसे
अब इस पहर में
जब अँधेरे में अपनी उँगलियाँ तक सूझ नहीं पड़तीं...’

घायल सुनता था सब
बस सुने जाता था
एक बुलबुला-सा उठता था गर्दन के नीचे
और ऐंठ जाता था चेहरा
अँधेरा बढ़ता जाता था
प्रतिपल चारों ओर...

“अरे मैं तुम्हारा ही हूँ”
बस खुफिया-विंग का
लगाना भूल गया ‘सफेद क्रास’ टोपी पर
पर सच में क्या भूला था
‘उनकी’ निगाहों में था लगातार
टोह लेने भेजा था ‘उन्होंने’
सरहद के इस पार...”

एकाएक झटका लगा स्मृति में
कौन हूँ मैं
दोस्त या दुश्मन
अपना या पराया?
कैसे पहचानेगा कोई मुझे
और एक आँसू टपका
बहा
खून में जा मिला
लहू था लहू बना

कौन जाने कौन थे वे तीन
दोस्त या दुश्मन

अपने या पराए
पहचाने नहीं जाते युद्ध में दोस्त या दुश्मन
फौज़ी टारगेट पर गोली चलाता है
टारगेट की आँखों में देखना युद्धशास्त्र के नियमों का उल्लंघन है
कितने साल हो गए उस बात को
गोली लगी थी दुश्मन के कन्धे पर
याचना भरी आँखें वे
एक सिसकारी-सी निकली
मूँद ली थी आँखें फौजी ने और फिसल जाने दिया था राइफल हाथों से
"मरेगा हराम...भैण..."
परे ढकेला साथी ने
और निशाना साधा था दुश्मन के माथे के बीचों-बीच
एक चीख और सन्नाटा

आह के साथ ही टीस उभरी
इतनी गहरी...इतनी दर्दीली
कि सारी यादें
सारी चेतना
उसी में डूब गई
सब ओर अँधेरा...

कहीं दूर चिंगारी चमकी
लौ जली
धुएँ से आँखें मुँदने लगीं
फिर इत्र की खुशबू
घी की महक में डूब गई
एक नर्म कलाई की छुअन
चेहरे पर गर्म साँसों की तपन
गुर्राहट का स्वर
दो आँखें दूर चमक रहीं थी
और दो ऐन उसके चेहरे का मुआयना करने को आतुर
गुर्र...गुर्र...की आवाज़

बदबू का झोंका
बाएँ हाथ से राइफल पेट में डाला
झटका
दूर जा गिरा
झपटने को उठा
कि लुढ़का लिया फ़ौजी ने खुद को
और एक फ़ायर
दूर-दूर तक गूँज गई आवाज
और फायरिंग शुरू हो गई सरहद के आर-पार

झटके ने घाव कुरेद दिया
खून का फव्वारा फूटा
बल-बल खून बहने लगा
पीठ गीली हो गई
ढाँप ली फौजी ने हथेली से अपनी गर्दन
और घूँट भरा रम का जोरदार
गोली-बारी जारी थी
घास के पलने में लेटा फ़ौजी
सोचता था कि सुबह हो
या न हो कुछ और देर
जाने किन्हें मिलेगा वह
क्या पहचान बताएगा
जाने पासवर्ड लीक हो जाए
पर नक्शे और तस्वीरें
अगर वे अपनों के हाथ लगें तो
क्या पता चलेगा उन्हें
जुटाया था उसने जान हथेली पर लेके
पासवर्ड के अलावा
पहचान नहीं उसकी कोई
और अगर दुश्मन के हाथ लगा तो
विश्वासघाती, घुसपैठिया समझ, बोटी-बोटी काट डालेंगे
लगा गुर्र गुर्र गुर्रा रहे हैं भेड़िये

चारों ओर दहकती आँखें लिए

कितना मुश्किल है ऐसे देश का फौजी होना
जिसके आर-पार अपने ही सरीखे लोग बसते हैं
वही सूरतें, वैसी ही कद-काठी और लगभग वही भाषा
किसने खींच दी इतनी रेखाएँ
और दे दिए ढेरों नाम जमीन को टुकड़ों में बाँट कर
पर ये लकीरें तो आँखों में खिंची हैं
जिनका कँटीलापन ठोंक दिया जाता है
कहीं-कहीं
सबूत के तौर पर

अब गोलियों की आवाजें थम गईं थीं
देर तक खामोशी
फिर कोई पटाखा-सा छूटता
फिर खामोशी...

थकान फिर तारी होने लगी
खून रिस रहा था
आँखों में अँधेरा छाता था
एक घूँट रम और
जलन
उबकाई-सी होने को आई
पर रोक लिया उसे दर्द के झोंके ने

'चोट पर मिट्टी क्यों डाल रहा है
आ इधर,
धोके पट्टी कर देती हूँ'
हाथ पकड़ नल तक घसीटा था माँ ने
'नहीं दलद होगा'
'नहीं होगा...बहादुर बच्चा है तू
बस देख हुआ क्या दर्द?'

पानी की धार से बह गई मिट्टी
खून धुल गया था
बस एक चीरा-सा रह गया छोटा-सा
गोरी-चिकनी टाँग पर लाल-लाल
क्रीम लगा माँ ने दुपट्टे का टुकड़ा बाँध दिया था घाव पर
और हथेली पर रख दिया था
एक पेड़ा गोल-गोल
चुन्नी से मुँह पोंछ
चूम लिए थे गाल
'बहादुर बेटा है मेरा!'

क्या वह बहादुर बनेगा
जो अभी जन्मा तक नहीं
जिसकी उँगली उसने कभी थामी ही नहीं
जन्म-भर
देखता रहा जो माँ की सूनी आँखें
जो छलक जातीं जाने-अनजाने
चाहे-अनचाहे
महसूसता रहा अबूझ
आग और तड़प

विद्रूप से होंठ सिकुड़ गए
और हथेली कस गई थी घाव पर
एक घूँट और रम...

हाँ एक बार निशाना साधा था शिकारी की तरह
वे चारों नौजवान थे
चेहरा ढँके
हिरणों-सी कुलाँचें भरते भागते...छिपते
जाने कौन थे
दोस्त या दुश्मन
पर हाँ भेदिये से जान कमांडर ने उन्हें दुश्मन ही बताया था देश का

गोली मारी
एक गिरा
छिटके बाकी
पीछा करके मार गिराया था बाकियों को भी
उसने होले से तमगा छूआ
एक बूँद आँसू टपका
आज
इतने वर्षों बाद
इस एकाकी पल में याद आ रहे हैं वे
बिना चेहरे वाले लड़के
दौड़ते
गिरते
उठने की कोशिश में वहीं दम तोड़ते
खोखल से झाँकती दहशत भरी आँखें

कैसी डगमग हो रही थी साइकिल
सिखाने से पहले चाचा ने कहा था
ला बड़ तक
ला साइकिल ला...
अरे पैदल बैलेन्स न करेगा
तो चलाएगा क्या बावरा कहीं का!

और फिर वह शाम
जब साइकिल से पहली बार
नमक लेने गया था पंसारी के पास
सब्जी छौंकने के बाद माँ को याद आई थी नमक चुके होने की बात
विश्वास भरा
माँ के हाथ पर नमक रखा
चौंकी माँ
इतना बड़ा कर्ज
हाथ पर नमक नहीं लेते-देते बेटा!
कर्ज माँ का?

या माँ पर?
पिछली बार दद्दा के पैर नहीं दाबे थे
दूल्हा राजा ठहरा
सपनों की रंगीन दुनिया
किसे क्या पता था?
मेरे बाद रम्मों का...?
कर्ज किसका किस पर
अनजाने में रख दिया माँ के हाथों पर नमक...

कैसा कसैला स्वाद है रम का
बस अब और नहीं
क्या था पासवर्ड
शिवलिंग या कैलाश
शायद अमरनाथ
या शायद ए पी एस 425
अरे नहीं यह तो कोड था
कोड ही तो बताना था
या पासवर्ड
चेतना हिरण-सी कुलाँचे भरने लगी
कोड...पासवर्ड...पासवर्ड...कोड
उसकी पहचान
नाम-अमरपाल सिंह
ग्राम सूरजपुर
जिला शाहजहाँ...
पर नहीं यह पहचान नहीं
कोड...पासवर्ड...
फौज़ी अमरपाल सिंह
कद पाँच फुट ग्यारह इंच
रंग गेहुँआ
पहचान चिह्न—बाएँ घुटने पर आधा इंची कट का निशान
यह भी भला कोई निशान हुआ फौजी के शिनाख्त का
जाने कितनी खरोंचे हैं देह पर...

मन क्यों इधर-उधर भटक जाता है बार-बार
सुनाई पड़ी माँ की फुसफुसाहट
'तबियत कैसी है अब
बीबी देखा कुछ तुमने?'
'एक तोता-सा उड़ता इधर-उधर
कभी मुँडेर जा बैठा तो कभी पेड़ पर
चैन नहीं जी को...'
मूँद ली आँखें दादी ने
माँ ने खटिए की बान थाम ली थी
एक आह निकली
मन भटकता क्यों बार-बार चिड़िया-सा

मौत का डर दिखाकर
करवाए जा सकते हैं सारे काम सभी कालों में
हमारी सभ्यता ने
मौत को कई-कई नाम दिए हैं
सुविधानुसार
तो कुछ मौतें डर पैदा करती हैं
तो कुछ स्वप्न जाल बुनती हैं अमरता का
अमरता किसकी किसके बीच
कितने कालखंडों तक...
पर कोई एक पल रुककर तो पूछता कुछ
द्वार पर खड़े प्राणी से...

कितनी दूर होगा कोई रास्ता यहाँ से
सोचता है फ़ौजी
चौंकता है
पाता है
खून अब गर्दन से ही नहीं
हथेली, पाँवों, टखनों, छाती और माथा
सभी से रिस रहा था
रिसे जा रहा था
रास्ता जाने कहाँ था...

लगा धरती हिली
भूकम्प का झटका
अगले ही पल वह लहरों पर था
ज्वार का तूफान
ऊपर नीचे
बेरोक बहे जाता था
अचानक दाईं ओर घुमाव
शायद चट्टान है
कसकर थाम लिया फौजी ने
बह जाने दिया पानी को नीचे से
जकड़ और मजबूत कर ली
सिर उठाया
गहरी साँस भरी

कितना दर्द है
काश गोली थोड़ी ऊपर
काँप गया वह
मुट्ठी घाव पर कस गई
तुम कहाँ हो
क्या तुम तक पहुँचना इतना ही मुश्किल है देव
फिर सब क्यों मुक्ति मुक्ति चिल्लाते हैं
बुदबुदाया फ़ौजी
और हथेली फिर कस गई घाव पर

यह केवल दर्द है
या दर्द का अहसास भर
जिसे डर ने और तीखा कर दिया है
डर मर जाने का
इस एकाकी में
अनचीन्हे
डर देख न पाने का एक बार फिर प्रिया को
अजन्मे बच्चे को एक बार कलेजे से न लगा पाने का डर
डर प्रिया की सूनी कलाइयों का

गीली आँखों का और पपड़ियाए होंठों का
डर माँ की बिलख का
बाबू जी की मौन मौत का
डर सब कुछ छिन जाने का
डर इस अकेलेपन में किसी को न बुला पाने का
डर किसी भी चेहरे को न याद कर पाने का
काश कोई भी एक चेहरा उजास हो जाता एक पल को भी
या सब खत्म हुआ
कँपकपी छा गई तन में
और दीया बुझता-सा लगा

कसकर आँखें खोल लीं फौजी ने
और मूरत गढ़ ली
प्रिया की
अजन्मे बच्चे की
जड़ दिया एक चुम्बन प्रिया के होंठों पर

याद आया
रेत का घरौंदा बना
लिखा था
'हमारा घर'
उसी के नीचे लिखा उसने
'आई लव यू'
देर तक बैठे बतियाते रहे थे दोनों
फिर उठकर चल दिए समुद्र ओर
लौटे तो न घर था
न इबारत...
क्या कल भी ऐसा ही होगा
क्या कल वह भी मिट जाएगा घरौंदे सरीखा
पूरी ताकत बटोर बुदबुदाया
आई लव यू
बादलों की चादर उतार
चाँद मुस्कुराया...

बा

कितना कठिन है
शब्दों में तुम्हें समेटना
बा!

तुम एक परछाईं-सी
सूरज की
उसी के वृत्त में अवस्थित

चन्दन लेप के समान
उसको उसी के ताप से दग्ध होने से बचातीं
उसे भास्कर बनातीं...

बा और बापू

चलते-चलते आखिर थक ही गई
इशारे भर से रोक लिया उसे भी
उस ढलती शाम को
जो जाने कब से तो चल रहा था
प्रश्नों की कंटीली राह पर
नंगे पाँव

नियम तोड़ रुक गया वह
भीग गई आत्मा
लहलहाई
कोरों पर चमकी
यह जानते हुए भी
कि देह भर रुकी है उसकी
शय्या के पास
मन तो भटक ही रहा है
किरिच भरी राहों पर
उन प्रश्नों के समाधान ढूँढता
जो अब तक पूछे ही न गए थे...

टिटहरी

वह बादामी काले पंखोंवाली चिड़िया टिटहरी
हृदय पर काला धब्बा लिए
टियु...टियु...टियु...टियु
टि...टि...टि...टि...
टिहटिहाती
चक्कर काटती है
आकाश में
छेद करती

अपशकुनी कहती थी
दादी उसे
किसी की मौत का पैगाम बताती
थुथुआती...गरिआती...

सर पर गोल-गोल घूमती
ऐन गहराई से निकलती उसकी टिटिआहट
चौकन्ना-सा कर देती है
मन में असमंजस जगा
आत्मा को खटखटाती है

टियु टियु टि टि की बेचैनी में
जाने क्या तो खोजती है
टिटहरी
फिर डाईव-सा मार
किसी पनीली जगह पर

एक पैर पर खड़ी
कुछ पल खामोश हो
आपकी आत्मा से संवाद जोड़ती है
टिटहरी...

पेड़ और माँ

आह की एक ध्वनि
एक कराह
फिर कुछ कसमसाहट
कई पेड़ उखड़े, दीवारें ढहीं, छतें उड़ीं
कई कराहें, आहें कसमसाहटें
सारा भूमंडल भर गया गूँजों से
सभी-सोचने लगे 'ऐसा क्या हुआ'?
'ऐसा क्यों हुआ'?

फिर एक दिन पेड़ ने अपनी उपयोगिता
खुद तय करते हुए
अपने सारे पत्ते गिरा दिए धरती के आँचल में
और कहा—
ये सब पत्ते तेरे लिए
तेरी उजड़ी-उखड़ी त्वचा के लिए
जड़ें बिछा दी है गहरे में...
खड़ा हूँ निर्द्वन्द्व
फिर झूमने की कोशिश में केवल सिरह पाया
बुखार में तपी देह-सा।

कई दिनों बाद, एक दिन मेम साहब ने
ठूँठ देखा
कुछ विस्मित हुईं—अरे हरा-भरा था यह तो
फिर माली को बुलाकर तने छँटवा दिए
इससे पहले कि माली उन्हें चूल्हे में

झोंकने की सोच भी पाता, उन्हें बाउंड्री में गड़वा
कँटीले तार कसवा दिए।
खुरदरे तनों को मुन्ना बाबा ने
शार्प नाइफ़ से खुरच डाला
और बेबी साहब ने
ब्रश से पैटर्न रंग दिए जहाँ-तहाँ।
पेड़ के अब कई आयाम थे!
साहब को वो पेड़ नंग धड़ंग
अशुभ-सा लगा था
उन्होंने अपनी बाँहों में खड़े हो गए कँटीले रोओं को पहले रगड़ा
फिर भूलने की कोशिश में सिगार पीने लगे।

एक सुबह कठफोड़वा ने तने पर उस जगह
जहाँ से शाख फूटती है
चोंच से खोद डाला
अभी तो नमी है...सोचने लगा मन मार।

मेम साहब की सहेली फ़ेमस इनडोर डिज़ाइनर ने
मन ही मन पेड़ के मोटे तनों के कितने ही
स्टूल और सेटी बना लिए
गुजराजी रंग-बिरंगे कवरों-कुशनों से सजे...
एक डाल
वही ऊपर वाली त्रिशूलाकार
कोने में सज गई रुद्राक्ष मालाओं
और लटकते एथनिक लैम्प समेत

"पम्मी लेट्स कट दिस ट्री ऑफ
इट्स गिविंग मी ग्रेट आइडियाज..."
उल्लास से चिहुंकी...

पेड़ अवसन्न था...डरा हुआ
काँप गया जड़ तक

सिहर गया फुनगियों तक
माँ...
गूँज गई धरती...
गूँज उठा आसमान

ऊपर कुन्ने की कुठरिया से अम्मा
धीरे-धीरे नीचे उतरी
बरसों बाद उसने आँगन में कदम रखा
और अपने साहब बेटे की स्टडी का दरवाजा खोल
कुछ क्षण उसे आँख भर देखने के बाद
अम्मा ने अपना काँपता हाथ उसके सर पर फेर दिया
खड़े रोओं को जैसे किसी ने सहला दिया
नीम की टहनी से

उधर पेड़ पोर-पोर अखुँआ गया
मानो किसी ने अमृत कलश फोड़ दिया हो
उस ठूँठ पर

दिन निकलते न निकलते
कितनी ही शाखा प्रशाखाएँ फूट पड़ीं
अम्मा की कुठरिया की खिड़की पर टिके कोलाज
को परे सरका डाल ने गोया दस्तक दी

खुली खिड़की पर खड़ी अम्मा के मुर्दा चेहरे पर
बरसों बाद धूप की किरण पड़ी
पेड़ ने उनकी पलकों पर हुए सिहरन को खुद महसूसा
जड़ तक!

बूँद-भर जल

आज बहुत दिनों के बाद
बादल छाए हैं आकाश पर

तरु तृण निर्वस्त्र धरती
किसी आसं में स्वयं को खोल
बिछी है निस्सीम
बस बूँद-भर जल
सीप के अन्तस को सूरज के ताप से भर देता है
आशा-सी चमकती है मोती
प्रकाश की रेख फूटती है पत्रों पर
शब्द दर शब्द

गर्भ में शिशु

विचार की तरह पनपता है गर्भ में शिशु
एक तड़प
एक कौंध
ब्रह्मानन्द
जलाशय में खिलते कमल
सुगन्धों भरी बयार
और
फिर एक संशय
हाँ...नहीं...ऐसा...वैसा...
आखिर क्या और कैसा
गहरी उत्सुकता
मन डरा डरा-सा
कई-कई प्रश्नों से जूझता
डूबता-उतराता
छटपटाता
निकलने को व्याकुल कलम से
ना मुक्कमल-सा
कागज पर शब्द-शब्द बिखरता
रूपाकार ग्रहण करता
उँगली थामने से इनकार कर
हँसाता...खिझाता
अपनी राह चलता
अपनी गति बढ़ता

एक बाँस के सहारे

पेड़ों के लम्बे सायों के नीचे मुझे अपनी परछाई नजर नहीं आती
अपने होने का अहसास नहीं होता
सिवा इसके कि
पैरों के नीचे कुछ सूखे पत्ते और तिनके चर्र-मर्र करते हैं
ऊपर की डालियों पर बैठीं चिड़ियाँ खामोश हो जाती हैं पल दो पल
गिलहरियाँ उछलकर पेड़ों पर चढ़ जाती हैं

कौओं का अधखाया एक पिल्ला जबड़ा खोले पड़ा है
आसपास सड़ाँध फैलाता
तीन बच्चोंवाली कुतिया इधर-उधर सूँघती है
फिर बच्चों द्वारा लिटा दी जाती है
उसकी नाक अब भी हवा में है और
एक मक्खी उसके जबड़े में बन्द है

पेड़ पर टँगा फटा कुर्ता बाँह का झंडा फहरा रहा है
दूर
ईंटें पक रही हैं
भट्‌टी को मुखाग्नि देनेवाला निरबंसिया खिलखिला उठा है

हवा में कुछ बेचैनी है
इक्का-दुक्का बादल हरकारे से दौड़ रहे हैं दाएँ-बाएँ
सूरज बजूके-सा आकाश पर टँगा है एक बाँस के सहारे।

यह कैसा समय है

कितना आसान था यूँ ही पढ़ना
बिना कुछ सोचे, समझे, उलझे-सुलझे
और रट-रटाकर पर्चों में लिख देना
डिग्री पाकर नौकरी या व्यापार करना या फिर कुछ न करना
और जीवन को बँधी-बँधाई लीक पर जीते जाना
रोज-रोज लगातार...

ब्लैक बोर्ड को देखते हुए मैंने ब्लैक बोर्ड को काला
और स्कूल की दीवार को सफ़ेद कहना सीखा।
कितना आसान था काले-सफेद में भेद करना
और पूछने पर ठीक-ठीक बूझ जाना।

इसी तरह अमीर-गरीब, पूरब-पश्चिम
काले-गोरे और स्त्री-पुरुष में भी भेद को
मैंने जाना और बूझा

सब प्रश्नों के उत्तर गोया अब मेरी मुट्ठी में थे
दिमाग का कम्प्यूटर सबको अत्यन्त वैज्ञानिक ढंग
से हल करके फौरन निष्कर्ष सुझा देता था।

कितना आसान हो गया था जानना और बताना
फिर भी कभी-कभी कुछ प्रश्न अनसुलझे रह जाते थे
कई बार स्मार्ट ढंग से मैंने उन्हें अतिप्रश्न
की श्रेणी में रख आश्वस्त ठहाके लगाए
और सोचनेवाले को प्रश्न समेत चित्त कर दिया।

वे भी क्या दिन थे
वाह!

पर पिछले दिनों जाने क्या हुआ
कई उत्तर मुट्ठी से बाहर निकलते ही
इधर-उधर दुबक जाते या फिर
मुँह चिढ़ाते या ठेंगा दिखाते हैं...
कुछ तो प्रश्नों का कान पकड़ उन्हें परे को ढकेल देते हैं,
और कुछ तत्काल उन्हें गले से लगा चूम लेते हैं।

कई बार मैंने प्रश्नों और उत्तरों को
आक्रोश भरी भीड़ में बदलते देखा है
और जातियों, रंगों, देशों, दिशाओं आदि को गड्डमड्ड होते पाया है

यह कैसा समय है?

जो रहते हैं गुमशुदा

सामने कैलेंडर में कई चेहरे
मुसकाते, हँसते, खिलखिलाते खड़े हैं।
उन्हीं में एक बाएँ किनारे खड़ी लड़की
कुछ सकुचाई, हकबकाई, होंठों पर जरा-सी
मुस्कान और सपनीली आँखों में कुछ उदासी लिए
मुट्ठी ताने खड़ी है (उसका तिरंगा फ्रेम के बाहर हो गया है)

पन्ने-दर-पन्ने पलटे
कई साधारण चेहरे
सब के सब अनजाने, अपहचाने
एक हल्की-सी हसरत—कहीं आँख की पुतली में
या होंठों की कोर में—
कि वे भारत सरकार की 50वीं स्वतन्त्रता जयन्ती के
कैलेंडर के पात्र हैं (गोया उन्हें यह बात मालूम है!)
हम इनमें से किसी को नहीं जानते
न तो ये नेता हैं, न अभिनेता
न ही खिलाड़ी
जिनकी तस्वीरों के साथ नाम छपा होता है
दुनिया उन्हें तस्वीरों से पहचानती है
और नामों से ही हाथ मिलाने के सपने
संजोती है।

असली भारत यही है—दावा है उन स्वनाम धन्यों का,
इसीलिए छोड़ दिया है
कैलेंडर का सफ़ा

इन लोगों के लिए।
ये ही वे लोग हैं
जिन्हें पैन करती हैं कैमरे की निगाहें
जब कभी नेतागण भाषण करते हैं या खिलाड़ी
गेंद हवा में उछालते हैं।
अँधेरे में परदे पर नज़रें गड़ाए सीटियाँ बजाते
तालियाँ पीटते-आह! वाह! करते लोग भी यही हैं

पर ये 'लोग' हैं
इनका अपना अलग-अलग नाम
हमारे लिए कोई अर्थ नहीं रखता

मैंने कैलेंडर में ताकते हुए
उन्हें कुछ-कुछ नाम दे डाला
बतियाने लगे सब एक साथ
होड़ा होड़ी-सी मच गई।
"देखो यह रहा मैं"
और यह जुगनू बूआ
इस बार लू में चल बसी
"यह बचुआ भी न रहा
कैसे खोंस रहा है घरौंदे पर झंडा"
"और तू साले—तूने झंडा ऐन मेरे
मुँह पर अंड़ा दिया है—बड़ा आया
लाट साहब टोपी पहनकर।"
"मैं तेरे पीछे खड़ा था, यह रहा मेरा झंडा" कहकर कालू खुद चौंका—सोचने लगा—यह
मेरा झंडा है या पीछे खड़े राघव का
जिसकी धक्का-मुक्की में
मैं पीछे ताकता रह गया था
यह काला-सा धब्बा बीचों-बीच
मेरा सर ही तो है—पर सबके सब सिर
एक जैसे होते हैं—काले—अगर उन पर
कोई खास क्लिप, रिबन या टोपी न रखी हो

एकदम खामोश हो गया कलुआ
उसका वश चलता तो बना देता अपना चेहरा
घिसी पेंसिल से ही पर कहाँ-कहाँ?
इस रंगारंग कैलेंडर में पेंसिल से
बने चेहरे की क्या बिसात
वह तो उल्टे खाली उत्तरपुस्तिका में
टीप दिए गए किसी उत्तर के अंश-सा
अपने अस्तित्व की चुगली खाता-सा लगेगा
"अरे सब चुप क्यों हो गए
बोलो न!"
मैंने कहा तो
गुलुबन्द बाँधे चन्दा कुछ लजाती-सी बोली
"...यह पुनमी दीदी
फ़ोटूवाले ने खुद उसकी ओढ़नी को ठीक किया
फिर बाँह पकड़कर
आगे खड़ा कर दिया था"
पुनमी को लगा था (मैंने सोचा) कि कोई ऐसा ही
राजकुमार आँखों में सपनों की चमक लिए
उसे बाँह से पकड़कर संग ले जाएगा
"औल यह कुनिया दीदी..." ननकू चहका
दाएँ पीछे तनी खड़ी लड़की
तमतमाया चेहरा—पुनमी को आगे खड़ा किए जाते देख
शायद अपने साँवलेपन को कोसती, उसने अपनी
बाँह कुछ इतनी ऊँची उठा दी है
मानो भीड़ भरी बस में
ऊपर का हैंडल पकड़ सम्भलने की कोशिश में हो!

सभी ने सफ़ेद कपड़े पहन लिए हैं
खासी तैयारी है फ़ोटो खिंचवाने की
पर जाने क्यों
इन्हें देखकर अखबार में छपी
उन बच्चों की याद आ रही है

जिनकी तस्वीरें खींचते समय
उनके हाथों में उन्हीं की नाम लिखी स्लेट
थमा दी जाती है
फिर भी वे गुमशुदा रहते हैं
हमेशा...हमेशा...

पड़ोसी

(घर का) सामान रखते हुए
उसने सुकून की साँस ली
(कि) अब वह अपनों के बीच आ गया है
दूर-दूर तक नजरें दौड़ाने पर उसने पाया कि सबों के
दीवारों पर वही माड़ने थे
दहलीज पर एक से चित्र उकेरे गए थे
सब कुछ एक-सा
सब कितना परिचित
कितना अपना...

वह जो छोड़ आया था पिछले पड़ाव पर
उसकी याद भर से कँपकँपी छूटी थी
रीढ़ तक सन्ना गई थी
ग़ज़ब हौलनाक वाक़्या था वह
अब तक के सभी अनुभवों से अलग
इतना उन्मत्त इतना विकराल
कि वह ढह गया उखड़े पेड़-सा
जिसे कुछ पड़ोसी कन्धों पर ढोकर
रोप गए हैं उसकी अपनी जमीन पर

उसने भर फेफड़ा साँस ली
और साँस की आवाज़ से फिर काँप गया
ओह! दम रोके पड़ा रहा था वह लाशों के मलबे तले
उसके अपने लोगों के बेदम शरीर
वह दम रोके तब पड़ा रहा

जब कलेजा फटा पड़ रहा था
गला रुंध रहा था रुलाई से
पर मारे जाने का डर
निस्पन्द पड़ा रहा मरों में मरा-सा
विजय की पैशाची अट्टहास सुनते

विजय किसकी किस पर?
उन पर जो कल तक 'अपने' कहलाते थे (शायद)
उनके द्वारा जो कल तक 'अपना' होने का दावा करते थे (शायद)
वो जिन्होंने उन्हें दो गज़ जमीन दी थी (शायद)
वो जिनको उसने दो गज़ जमीन दी थी (शायद)
पर हाँ जमीन दी थी दोनों ने (शायद)
इसीलिए जब तब उस पर दावा करते थे दोनों ही
यह सोच उसने गहरी साँस ली
जो उसी पल उसाँस बन बाहर निकल गई थी—
कितना...
कितना खोया उसने बार-बार...

आज अपनों के बीच पहुँचकर
उसने मानो पहली बार
भर फेंफड़ा साँस ली
अपने होने का ऐसा अद्‌भुत अहसास
जीवन की नई चाह
जैसे उगते सूरज का उजास

उसने सारे खिड़की दरवाजे खोल
अन्दर कैद हवा को मुक्त किया
बाहर देर से बेचैन चहलकदमी कर रहे
उजाले को भीतर बुला लिया
इस तरह अन्दर और बाहर दोनों के उजाले से
अतीत के पन्नों को पोंछकर
फिर से नई इबारत लिखी

और उन्हें काँख तले दबा कर
निकल पड़ा अपनों से भेंटने

पहली दस्तक पर खुले द्वार के पार खड़े मुख ने पूछा
पड़ोसी!
कहाँ से आए हो?

हमसा   पर दूसरा

वह जो रंग-रूप में हमसे भिन्न है
बोली में अलग
सोचता भी अलग है
भले ही
दो आँखों
एक नाक
एक मुँह
दो-दो हाथ-पैरों वाला
हम जैसा ही दिखनेवाला है वो
पर क्योंकि
वह रंग-रूप में हमसे भिन्न है
बोली में अलग
खान-पान में भिन्न
शायद सोचता भी अलग हो
कौन जाने

यदि ऐसा न होता तो क्या
वह होता हमसे इतना भिन्न
कि देखते ही
गुस्सा भड़क जाता भीतर तक
क्यों खड़ा है, वह उसी धरती पर
जिसके हैं मालिक हम
क्यों लेता है जल उन्हीं सोतों से
जिन पर अधिकार हमारा
क्यों करता वायुमंडल दूषित

वह श्वास-प्रश्वासों से

आखिर जब वह हमसे इतना भिन्न है
इतना भिन्न
तो वह हमसा आखिर कैसे होगा
और उसे वे अधिकार कैसे मिलेंगे
जा हमारे हैं
केवल हमारे

ऐसे भिन्नों को
तुरन्त नेस्तनाबूत कर दो
अनावश्यक ये
बेकार फैलाते हैं मुश्किलें
इस एक से सोच में
बुलबुले उठाते हैं
कंकड़ पत्थर फेंक...

साँस

यह तो पहली बार हुआ था
कि उसे अहसास हुआ
कि साँस भी ली जाती है...

उसे पहली बार नाक के भीतर
खींची जा रही हवा की आवाज़
भीतर उगे हल्के रोओं से उसका घर्षण
रोओं की जड़ों में उठी नामालूम-सी सनसनाहट
हवा का गले तक पहुँचना
श्वास नली को कुछ ठंडक पहुँचाते नीचे उतरना
और फिर वहीं कहीं फँसकर रह जाने का अनुभव हुआ
फेंफड़े सूखे ही रह गए
उनमें नमी नहीं पहुँची
मन बेचैन हो उठा

उसने उसी पल भीतर कहीं कैद हवा को मुँह के
रास्ते बाहर उगल दिया
लगा कोई जहर ही थूक दिया हो पूरी ताकत के साथ
जरा-सी राहत महसूस हुई
पर अन्दर का रीतापन
बेचैनी से उसने फिर साँस भरी
इतना दम लगाकर कि नथुने ठंडे हो गए
पर हवा थी कि फँस कर रह गई
गले और फेफड़ों के बीच तनी नली में
जाने कैसी अँधेरी सुरंग थी

कि उसका ओर छोर ही न मिलता था
बेचैन होकर उसने करवट बदल ली
और फिर साँस भरी...
लगा हवा पहुँचेगी इस बार फेफड़ों तक
और फैल जाएगी रक्त के संग
पूरी देह में ताज़गी भरती
पर नहीं
वह तो अटक कर रह गई
आत्मा-सी
कायरता, कपट, खुदगर्जी के दलदल में

कहीं कोई गड़बड़ थी जरूर
गहरी
पकड़ में न आने जैसी—
वरना इतना ज्ञान-विज्ञान
सब तो धरा का धरा रह गया
बची रही तो बस जीए जाने की लालसा
खाल बचाने
नहीं-नहीं
उसे संवारते जाने की इच्छा

यह कैसी घबराहट
याद आ रही है उनकी कातर...भयभीत निगाहें
दुःस्वप्न-सा पीछा करतीं चीखें
दम फिर घुट रहा है

अगले ही पल बिस्तर छोड़
दरवाजा खोल वह बाहर था
शायद कमरे में ही हवा कम हो
पर ऐसा तो पहले कभी न लगा था
बाहर जो अँधेरा था
वह सघन हो उठा

दूर टिमटिमाते तारे भी ओझल होने लगे

पसीना-पसीना हो गया तन
पानी
एच-टू-ओ
कुछ राहत
पल दो पल
अँधेरे में ही आँखों के आगे कई दृश्य लहरा गए
पुरानी वार फिल्म्स...जीवनियाँ...कहानियाँ...मेमॉयर्स
फिर वे आँखें कातर...भयभीत...
प्राणों की भीख माँगती
चीखों में बदलतीं कराहें
पीछा करती रहीं
देर तक
लगा कि बहुतों के साथ वह भी चैम्बर में बन्द है
गालियाँ...चीखें...कराहें...
अस्फुट स्वर...
शायद प्रार्थना...
ओम् शान्तिः शान्तिः शान्तिः...
आमीन

चौपहियों पर दौड़ रही है सरकार

चौपहियों पर दौड़ रही है सरकार
फर्र...फर्र...
और तेज जरा और तेज
सरकार सोच रही है
और मन कई भवनों के गलियारों में घूम
कई सारी कुर्सियों पर एक साथ बैठ
ढेरों कागजात बाँच चुका है...

यह या यह...या यह भी...यह भी तो...क्यों नहीं सभी...
उँगलियाँ तिरंगे की डोर सुलझा रही हैं
और टोपी से ढँके सर तले गर्दन
पंखुड़ियों की नर्म भार के लिए व्याकुल है
सामने जनसमुद्र...तालियों की गड़गड़ाहट
और नेपथ्य में
तोपों की सलामी...

धचाक!
सिर अगली सीट से टकराते बचा
"अरे क्या हुआ?"
झल्लाए सरकार
"शायद कोई एक्सीडेंट या फिर जुलूस..."
"यह भी कोई टाइम है एक्सीडेंट का?
और जुलूस? सरकार ने तो कुछ किया नहीं
कि जुलूस निकले?"
"ये सब फसादी...कामचोर...साले...

एक-एक को डंडा नहीं किया तो...”
“नहीं-नहीं जुलूस नहीं...एक्सीडेंट ही है”
वह उढ़ाया सफेद चादर कांस्टेबल ने
“तो मर गया?”
राह चलते मौत?
सगुन या असगुन?
विजयपथ में बलि! सगुन ही समझो...
शवयात्रा शुभ मानी गई है...
मूँछों ही मूँछों में मुस्काए सरकार...

आज कुँवर की सवारी निकल रही है...

कुँवर की सवारी निकल रही है
आज कुँवर पुरवासियों से मिलेंगे
उनके जीवन के दुख-सुख का
जायजा लेंगे खुद अपनी आँखों से

अब तक कुँवर रनिवास में माँ
दरबार में राजा व मन्त्रियों की कही बातों से
और गुरुकुल में गुरु जी की दी किताबों से
दुनिया देखते आए हैं
आज खुद अपनी आँखों से उसे देखेंगे
आनेवाले दिनों में राजतिलक होगा उनका

आखिर यह पता होना ही चाहिए
कि जिस दुनिया में राज चलाना है कुँवर को
वो दुनिया सचमुच में कैसी है?

सारी सड़कें बुहार दी गई हैं
किनारे लगे पेड़ों के एक-एक पत्ते को
धो दिया गया है
सड़क पर चलनेवाले पासधारियों को
रंग-बिरंगे सुन्दर वस्त्र दे दिए गए हैं
जगह-जगह फूल-मालाएँ, इत्र-फुलेल
और खाने-पीने की चीज़ों का अम्बार
लगा दिया गया है

वज़न और कद नाप-नाप कर
बच्चों को खेलने के लिए पार्कों में छोड़ा गया है
अपनी मनपसन्द की चीजें खाते
और मनचाहा खेल खेलते खुशहाल बच्चे
और खुश हो रहे हैं।

आज कुँवर की सवारी निकल रही है।

इस बात की सख्त ताकीद कर ली गई है
कि सड़कों पर चलनेवाला एक भी आदमी
बूढ़ा या भिखारी न हो

आज के दिन एक भी शवयात्रा
नहीं निकाली जाएगी
बर्फ गोदामों को सौ-सौ गुणा ज्यादा बर्फ जमाने के
आदेश जारी कर दिए गए हैं

आज के दिन कोई रोएगा नहीं
न ही कोई चीखेगा-चिल्लाएगा
कोई जुलूस भी नहीं निकालेगा।

आज कुँवर की सवारी निकल रही है
आज कुँवर पुरवासियों से मिलेंगे...

लौंगिया-1

उग आई है लौंगिया की बेल
ऐन पीपल के नीचे
उसी से खाद-पानी-हवा लेती
उस हरी छाँव को गुलाबी आभा से भरती

मन में कौंध गई माँ की याद
लौंगिया का फूल लगाना है
शहर के सरकारी मकान के ऊपरी मंजिल पर
एक गमले में सही
धुर देहात में बिताए बचपन को
रोपना है
बढ़ती उम्र में
बच्चों को दिखाना है
अपने बचपन की झलक
एक चटक गुलाबी याद...
उन स्मृतियों को रोप देना है
कथा-कहानियों के खाद पानी के सहारे...

बीते दिन किसी कहानी से कम नहीं होते
खासकर तब जब वे दूसरों के जीवन के पन्ने हों
किसी तीसरे की जुबान से सुनकर ही
वे अंकुरित होते हैं
पुनर्जीवित होते हैं।

कोई ढाई-तीन मीटर लम्बी बेल में

कई डालियाँ फूट गई हैं
झिझकी-सी मुस्कुराती गुलाबी कलियाँ
मन के किसी कोने को रंग देती हैं
फिर कई-कई रंगों में खिलती हैं
ये गुलाबी नन्हीं लौंगिया...

लौंगिया-2

उस छतनार पेड़ के घेरे में
खिल नहीं सका कोई फूल
लाख जतन के बावजूद

धूप की आस में
कोई पौधा टेढ़ा हुआ
कुछ लम्बोतरे
मानो मौका पाते ही डाल पकड़ झूलने लगेंगे
कुछ लेटे जमीन पर
आकाश ताकते उम्मीद में
हरे से पीले पड़ते हुए

उस दिन सुबह
परदा हटाते ही
गुलाबी किरणों से कौंधते
खिलखिलाते दिखे
लौंगिया के फूल
ऐन पेड़ की जड़ पे उगी बेल
उसी से खाद-पानी-हवा-धूप छीनती

याद आई
माँ
उसी पल भीतर कहीं खिलखिलाई
बिटिया...

बेलूर मठ-1

दक्षिणेश्वर से बेलूर मठ
गुरु से शिष्य तक की यात्रा के लिए
गंगा ने अपने सारे द्वार खोल दिए हैं
बेरोक आया जा सकता है
गुरु से शिष्य
शिष्य से गुरु तक

दौड़ती हैं नावें
दिग्दिगंत तक गूँज जाती है इंजन की आवाज
कुछ और सुनाई नहीं पड़ता
न जल के बहने का स्वर
न ऊपर उड़ रहे तोतों की चहचहाहट
जो इस पार लगे आमों अमरूदों को कुतरकर
उस पार के आमों...के खोखल में बने घोंसलों
में छिपने को आतुर हैं
गलफड़ों में चुग्गा दबाए
अपने आगमन की सूचना
प्रतीक्षारत बच्चों को देने को व्याकुल

गेंदे के सड़े फूलों की माला लिपटे
केले के स्तम्भ बह रहे हैं इधर-उधर
कहीं-कहीं कोई खाली हंडिया मुँह बाए
आकाश ताकती तिरती चली जा रही है

लो आ ही गया बेलूर मठ

घाट की पुलिया पर माँ बच्चे को साफ कर रही है
बस चार-पाँच फुट की दूरी पर
पुलिया के नीचे
मरी कुतिया फूल गई है

रोमांच का क्षण बीत गया है
सामने बेलूर मठ है
और कहीं दूर से आती शायद कोई कातर ध्वनि है
माँ...माँ...

बेलूर मठ-2

बेलूर मठ में घूमते हुए
झुककर उठा लिए मूक्कजी बाबू ने दो पत्ते
धूल धूसरित
झाड़फूँक कर साफ किया
पूछा
बूझो तो क्या हैं ये?

आमि बूझते पाड़ी
ऐय तो माखन कटोरी
बच्ची-सी किलकी वो औरत
और फिर पलभर चुप हो तौलती रही सबका विस्मय
"सोचो तो कितना थोड़ा माखन होता होगा
फिर भी चोर कहलाया कान्हा!"

ये बातें हो रही थीं नागलिंगम तले
बाँध लिया था सुन्दर फूलों ने सभी आगन्तुकों को
अपने सौन्दर्य-जाल में
काश मिल जाता एक फूल तो
देख पाती शिवलिंग को नागफन तले

देखा फूल को कुछ नजदीक से
विवेकानन्द की शान्त शय्या पर
दो फूल सजे थे
छू न सकी
बस देखा भर

खिड़की की सलाखों के पार से
नीरवता व्यापी देर तक
जरा-सी खंडित होती सितार से
किसने बजाया सितार उस एकान्त कक्ष में
या गूँजा था अपना ही विषाद
या फिर कोई कोयल कूकी
अमिया पर से

आम से लदे झुके-झुके डाल
मन किया खड़े हो जाएँ उस तले
शायद चू जाए कोई आम
तोड़ने की न ताब बची थी न इच्छा ही

स्मृति ले गई बचपन की बगिया में
चू गए थे कई आम आँधी में
बोरी उठाए दौड़े थे भैया
दीदी दौड़ी थी डलिया लिए
"भागो रे
कोई और उठा न ले जाए
अपनी बगिया के आम"
पर मुझे तो सुनाई पड़ा था
"भागो रे कोई और न ले जा पाए आम (कहीं भी, कभी भी?)
सो झट पिछुआ ली मैं भी
घेरदार फ्रॉक में अमिया बटोर
पलटी कि तभी
पकड़ ली गई...

माली का लड़का
चीन्ह न सका नया चेहरा
धरवा लिए सभी आम
बस एक बचा रह गया
झिझका वह

झाँका उन आँखों में
और
धर दी नन्हीं हथेलियाँ उस पर
जान छुड़ा भागी मैं

किलका वह
पकड़ो रे
चोर...चोर...
कैसे भागता होगा नटखट
माखन कटोरी में
चुटकी भर माखन चुरा कर
रखवा लेती होंगी गोपियाँ
सब का सब
और जरा-सा माखन मुँह में लपेट
'चोर'...'चोर' चिल्लाती होंगी...

बच्चों को पत्ता दिखा
सहेज दिया है उसे डायरी में
शायद उसे पा जाएँ बच्चों के बच्चे या
फिर उनके भी बच्चे
पर सभी की स्मृति में
कहीं अटका होगा एक दृश्य
चुराकर छिपाकर भागने का कान्हा-सा
उस समय भी कोई पत्ता माखन कटोरी कहलाएगा
खिलेगा कोई अन्य फूल सुन्दर नागलिंगम-सा
कूकेगी कोयल कहीं किसी अमिया पर...

तुम्हारी याद...

तुम्हारी याद...

1

तुम्हारी याद
वसन्त में सूरजमुखी-सी
खिलती-खिलाती मन में
सब ओर रंग भरती

2

उसकी छुअन भर से
बदल गई मैं घास में
बार-बार उगने और हरियाने को

3

नीलाकाश-सा
हर पल मौजूद है वो
भीतर-बाहर
अनन्त
विहग-सा मन उड़ता है ऊँचम ऊँच
अनहद के पंचम सुर में लिपटा
सुस्ताता सहस्र कमलदल में

4

तुम्हारा प्यार
बूँद भर पानी
साँस भर हवा
मुट्ठी भर माटी

एक बीज के अँखुआने
पनपने के लिए

5

दर्द अब केवल अपनी देह में नहीं होता
रात की बारिश में भीगता है रमुआ का घर
गर्मी में धधकता है मोती का टप्पर
शीत में ठिठुरती है बूढ़ी पुनिया
दीए की मन्द लौ में पढ़ता है दीपू
कमर पर जड़ी लात से तड़पता है छोटू

शब्दों के अर्थ बदल-बदल दिए हैं
तुम्हारे प्यार ने।

6

बड़ा मन है कि तुम्हारे लिए
एक प्रेम कविता रचूँ
और आज क्योंकि चौदह फरवरी है
चलन भी है कुछ देने का
फिर मन भी है
तो सोचा एक कविता रचूँ अपन-तुपन के बारे में
कुछ जग जाहिर
कुछ जग से छिपी

अब क्यों कि हर सम्बन्ध अपने में यूनीक होता है
अन्ना केरेनिना के प्रथम वाक्य-सा
तो एक टीस उभरी
जीवन की पहली स्मृत घटना-सी
अन्ना याद आई
याद आया प्लेटफार्म पर भीगता
तृषित ब्रोन्स्की

एक हल्की याद किटी की
व्यथा लेविन की
असमंजस या क्रोध केरेनिन का

पर लो कहाँ से कहाँ
चली गई मैं
अब ऐसी अनअनन्यता भी क्या
प्रिय!

7

वह जो एक सूरजमुखी रोपा था मैंने
बरसों पहले उस गमले में
हर साल खुद-ब-खुद नन्हें पौधे अँखुआने लगते हैं
और भर जाता है गमला
तुम्हारे पसंदीदा पीले फूलों से
देखो प्रिय
अब ये फूल केवल उसी गमले में नहीं उगते
भर गए हैं आसपास के कई गमलों में
यहाँ तक कि क्यारियों में भी फैल गए हैं
झल्लाकर माली ने
कई बार उन्हें उखाड़ फेंका
पर ये हैं
जो हर साल उग आते हैं
गुच्छे के गुच्छे
पुरानी यादों सरीखे

8

बादल कितने भी घने हों
और हवा कितनी ही तेज क्यों न चल रही हो
सूरज अपने होने का अहसास करा ही देता है

दिन भर घनी बर्फबारी के बावजूद रातें

ज्यादा ठंडी और खौफ़नाक लगती हैं
लकीर भर रोशनी के बिना

उसकी याद भर
मन को गर्माहट से भर देती है।

9

उसकी याद
ध्रुवतारा
व्यस्तताओं के महाजंगल में
घोर उपेक्षाओं के सागर में
निर्मम व्यंग्यों और कटाक्षों से तपते मरुस्थल में
राह दिखाती
आँखों में मुस्काती...

10

मन में हिलोड़ उठते ही
स्मृतियाँ तिर आती हैं
आप चाहें तो भी उन्हें छानकर निकाल नहीं सकते
घुल-मिल जाती हैं जीवन सागर में
जब तब तिर आने के लिए

11

एक अदृश्य जाल-सी होती हैं यादें
कितना भी काटो
कोई न कोई सिरा छूट ही जाता है
अखंड
खंड-खंड से पुनःसृजित
पुनर्जीवा होती हैं यादें
जरा-सी छुअन भर से
भूलभुलैया बन जाती हैं यादें...

राक्षस पदतल पृथ्वी टलमल...

गाँव के बीचों-बीच
सरपंच के दरवाजे के ऐन सामने
गाँव के सभी जवान और बूढ़े आदमियों की मौजूदगी में
बिरादरी के मुखियों ने वो फैसला सुनाया था

जाने कब से गुपचुप बातें होती रही थीं
लगभग फुसफुसाहट में
जिनमें दरवाजों के पीछे खड़ी औरतों की फुसफुसाहटें
भी शामिल थीं
धीमे-धीमे सिर हिलते थे
पर गुस्से या झल्लाहट में भी आवाज ऊँची न होती थी
मानो कोई साजिश रची जा रही हो
हाँ, दो-एक आँखों से आँसू ढलके जरूर थे
जो तुरन्त ही किसी अनजान भय से पोंछ लिए गए थे
और रोने और सुननेवाले दोनों
दोहत्थी माथे पर ठोंकते थे
खुद को बरी कर
किस्मत को कोसते थे
फिर सिर हिलाते थे सुर में

उस शाम बच्चे
छोड़ दिए गए थे अपनी दुनिया में
देर रात खेलते रहे
छुआ-छुई, आँख-मिचौली, ऊँच-नीच और जाने क्या-क्या
क्या मजा था

आज कोई टोका-टोकी नहीं थी
यहाँ यह कि कई बछड़ों ने पूरा दूध पी लिया
पर बच्चे खेलते रहे अपनी ही धुन में
कोई बुलाता न था न खाने को न पढ़ने को
पर जब-जब खेलते बच्चे गए घर के भीतर
वह फुसफुसाहट एकदम गायब हो गई
और वे तुरन्त भेज दिए गए फिर से बाहर
जाने क्या बात थी
क्या कभी ऐसा होता है भला
कईयों ने दरवाजे के पीछे कान चिपकाए
या फिर भूख और नींद के बहाने घर में बैठ रहे
पर बेहया, इज्जत, भाग्य, मर्यादा जैसे
कुछ बेतुके शब्द सुनाई पड़े
जो कोई पूरी कहानी नहीं गढ़ते थे

उस रात शायद ही किसी घर में पूरी रसोई बनी
कइयों के तो पेट निन्दा-रस से भरे थे
तो कोई जीत की खुशी में मगन थे
कुछ छोड़ जाना चाहते थे कदमों के निशान
तो कुछ बन जाना चाहते थे धर्म, मर्यादा, संस्कृति की पहचान

कोई सो नहीं पाया उस रात
यहाँ तक कि देर रात उछल-कूद मचाते
बच्चे तक चौंक-चौंक उठे थे
कितनों ने बिस्तर तर किए
कितने झगड़े नींद में ही
कई सिसकियाँ भरते रहे रात भर
(कोई डरावना सपना देखते थे शायद)

उस रात गर्भस्थ शिशु भी हिलते-डुलते रहे बौखलाए से
और कुछ खामोश हो रहे
माँओं की आशंकाओं को बढ़ाते हुए

उस रात कुछ नौजवान दम साधे पड़े रहे
मानो उन पर कोई तलवार आ लटकी हो
उस रात किसी लड़की को पेशाब न लगी
उस रात कोई गाय रंभाई नहीं
बड़ी अजीब थी गर्मी की वह रात
सर्द एकदम सर्द...

उस दिन बड़ी देर तक सूरज नहीं उगा
भोर का तारा जाने कहाँ दुबक रहा
बस हवा चलती थी निरंकुश बादशाह-सी
हरहराती सब पर झपटने को तैयार

पर आखिरकार वह समय आ ही गया
जिसे सुधीजन दिन कहते हैं
सभा जुटी सभी जन आए
कुछ सर उठाए तो कुछ कन्धे झुकाए

औरतों ने भी माँओं को घेर सरपंच की दालान में कब्जा जमाया
वैसे वो जगह कभी उनकी न थी और न रहेगी आइन्दा
पर उस दिन बात ही कुछ ऐसी थी
आखिर सभी की खामोशी जरूरी थी
कि कोई यह न कहे कि उसे बताया न गया था

हाँ बच्चे भेज दिए गए चरवाहों के संग
आज कोई स्कूल न था
क्योंकि स्कूल तो घर होता है, मुहल्ला होता है, बिरादरी होती है
और गाथाएँ होती हैं
जिन्हें कुछ नादान बच्चे अपने शब्दों में पढ़ लेते हैं
और जाने कैसी अपनी गाथाएँ रचते हैं
बावजूद इसके कि सभी शब्दों पर हमने पहरेदार बिठा दिए हैं...

सो उस दिन पहरेदारों का जमावड़ा था

और उनके बीच बँधा खड़ा था एक नौजवान
जाने कहाँ खोया
जाने क्या सोचता
क्योंकि कभी उसके चेहरे पर एक सपनीली मुस्कान तैरती
जो उसकी आँखों में उगते सूरज का-सा प्रकाश भर जाती
चेहरा दीप्त हो उठता तृप्त शिशु-सा
होंठ सिकुड़ते मानो चूम रहे हों
सिर मस्ती में हिलने लगता
अनहद नाद सुनता हो मगन
पर तुरन्त ही
कुछ भी कर गुजरने को तैयार
बाँहों की माँसपेशियाँ फड़कने लगतीं
गले की नसें तन जातीं
और वह हड़बड़ाकर देखने लगता इधर-उधर दीवाना-सा
"अब हड़बड़ा रहा है, दीवाना-सा"
यह पहरेदारों ने कहा था
पर इन शब्दों में न कोई करुणा थी
न प्रशंसा
और न ही दीवानगी को समझने का कोई बोध
सभा ने तो गरियाया ही था जी खोल
कवियों, शायरों, किताबों, मास्टरों, पीरों-फकीरों, रेडियो,
टी.वी. और सिनेमा को
माँ भी नहीं बख्शी गई थी उस दिन
उसके दूध के खोट भी गिनाए गए थे उसी दिन

दालान के कोने में लड़की खौफ़ज़दा थी
छिटकी सहेलियाँ थीं
और माँ मानो पाप की गठरी
सिर झुकाए खड़ी थी
बीच-बीच में घायल शेरनी-सी झपटने को तैयार
आँखों से ज्वाला बिखेरती
दाँत पीसती, दोहत्थी छाती पर मारती

सब कुछ बड़ा अजीब था
न तो लड़के ने कोई डाका डाला था
न किया था किसी का बलात्कार
और न लड़की ने किया था कोई झगड़ा
या फिर किसी बड़े का अपमान
बस किया था तो बस प्यार
उस बाहर खड़े लड़के से
जो सबसे जुदा था
सपनों की दुनिया रचनेवाला
मस्त और बेपरवाह
जिसके सामने पड़ते ही—
बोली कोयल-सी, आँखें हिरणी-सी,
चाल हंसिनी-सी हो जाती थी
खेतों पर बरसती धूप चाँदनी-सी लगती थी
और गोबर की डलिया फूलों से भर जाती थी
जिसके सामने पड़ते ही सब जग उजास हो उठता था
कोई पराया न लगता था और सभी का दुख अपना हो जाता था
कौन था वह, जो उसे इतना अपना लगता था
कि वह सभी के लिए इतना पराया हो गया
इतना पराया हो गया कि आज वह
दुश्मन-सा बँधा खड़ा था अपनी ही सभा में
अपने ही लोगों के बीच
वह इतना पराया हो गया कि उसके संग होने की
इच्छा भर से
वह भी उतनी ही पराई हो गई
माँ-बाप, माँ जाए भाई-बहन सभी से!

हाँ लड़की पराया धन ही होती है
पर साहूकार के घर के लिए सुरक्षित धन
प्रेम रचाने के लिए उत्सुक मन नहीं
पर यहाँ तो देह का आकर्षण खड़ा था साक्षात
सभा को तो देव का आकर्षण भी मंजूर न था

क्योंकि सभा जानती है
कि प्रेम देह से हो, या देव से
मनुष्य से हो या ईश्वर से संशयों से घिरा रहता है
साधना तलाशता है
समाज के बन्धनों को तोड़ता है
मर्यादाओं को लाँघता है...

पर माँ क्यों सुनाए थे तूने मीरा के भजन
कथा कही कई बार राधा-कृष्ण की
मास्टर जी क्यों पढ़ने को दी थी पोथी शीरीं-फरहाद की
और दीदी तू भी तो रोई थी लैला-मजनू का सिनेमा देखते-देखते

और आज तुम सब दूर खड़े हो
जकड़ दिया है तुमने मुझे रस्सियों से
यह सोचते-सोचते लड़की को
प्रियतम की पकड़ याद आई
वह कलाई पे पकड़
और आलिंगन की जकड़
जिसे छुड़ा कर वह भाग जाना चाहती थी
और उसमें बँधी भी रहना चाहती थी
जिन्दगी-भर

चाहत की कैसी दुनिया
आह! वह जी लेना चाहती है, वे क्षण एक बार फिर
एक बार फिर सहलाना चाहती है उस सुन्दर मुख को
सँवरे बालों को खेल-खेल में बिखेर देना चाहती है
लज्जा से बचने के लिए भी उन आँखों को चूम लेना चाहती है
जो उसे देखते हुए झपकना भी भूल जाती हैं
एक बार वह दौड़कर उन बाहों में समा जाना चाहती है
बाँध लेना चाहती है उस गठीली देह को आलिंगन में...

ओह! कितना दर्द है पीठ पीछे बँधी कलाइयों और पैरों में

ऐसे तो ज़िबह करनेवाले जानवर भी नहीं बाँधे जाते माँ
और तुमने बाँध दिया खुद अपनी जाई को अपने हाथों
मानो कोख ही को बाँध दिया हो मर्यादा की रस्सी से!
ऐसा क्या तो कर दिया मैंने
बस मन ही तो लग जाने दिया
जहाँ उसने चाहा
कभी जात की चोहद्‌दी से बाहर
तो कभी रुतबे की खाई को लाँघ
तो कभी धर्म की दीवार के पार।

पर क्या मन का लग जाना ही
सबसे बड़ा अपराध नहीं क्या, कभी भी कहीं भी
लैला-मजनूँ से लेकर
रोमियों जुलियट तक
और इन तमाम जन्मों में
कभी मैं रोशनी कहलाई, तो कभी पिपरी गाँव में जन्मी
पर सभी जन्मों में
हमने प्रेम...बस प्रेम को जीया
केवल प्रेम किया
और छोड़ प्रेम को कोई नहीं जानता
कि प्रेम की अपनी ही मर्यादा है
अपने ही नियम हैं
और अपना ही संसार है...

पर इन नियमों से समाज तो नहीं चलता

तो समाज के हित में
फैसला सुनाया मुखियों ने :
ऐसी मजाल जो व्यक्ति करे मनमानी
लटका दो इन्हें फाँसी पर
ताकि समझ लें अंजाम सभी
वे भी

जो आएँगे कल इस धरा पर
प्रेम का, मनमानी का
मर्यादा के नाश का
संस्कारों के ह्रास का!

तो सदल बल सभी लटका आए उन मासूमों को
गाँव के पार
पीपल की डार पर।
सभी साथ थे कोलाहल करते
ताकि आत्मा की आवाज़ सुनाई न पड़े
घेर न ले वह किसी को अकेला पाकर
आखिर संस्कार और मर्यादाएँ
बचाए रखती हैं जीव को
अनसुलझे प्रश्नों के दंशों से
दुरुह अकेलेपन से...

तो जयजयकार करता
समूह लौट चला उल्लसित कि
बच गईं प्रथाएँ
रह गया मान
रक्षित हुई मर्यादा
फिर से खड़ा है धर्म बलपूर्वक
हमारे ही दम पे
जयजयकार, तुमुल निनाद, दमकता दर्प
सब ओर अद्भुत हलचल
लौटता है विजेताओं का समूह
राक्षस पदतल पृथ्वी टलमल...

अनहदनाद

सूरज की रोशनी-सा तुम्हारा प्यार
और मैं कमल
शतदल
स्वर्णिम आभा से भर उठता है मन
और गूँज जाता है अनहद नाद

एक निश्चित समय पर...

एक निश्चित समय पर...

एक निश्चित समय पर नींद खुल जाती है
करवट बदल, चादर लपेट फिर सो जाने का लालच परे ढकेल
उठ बैठती है वह
उँगलियाँ चटखाती
दरवाजे से घुस पलंग के दाहिनी ओर सोई वह
पाँवों से टटोल-टटोल स्लीपर ढूँढ लेती है
और सधी उँगलियाँ उठ खड़े होने तक
जूड़ा लपेट चुकी होती हैं

चाय का पानी चढ़ाने
कूकर में दाल रखने
डबलरोटी या पराठा सेंकने
सब का एक निश्चित समय है
सब काम समय पर होता है
घड़ी की सूइयों-सा जीवन चलता है
अविराम

एक निश्चित समय पर नहा धोकर
बालों में फूल और माथे पर बिन्दिया
वह सजाती है
और निश्चित समय पर द्वार के आस-पास वह
चिड़िया-सी मँडराती है

इस टाइम टेबलवाले जीवन में
बस एक ही बात अनिश्चित है

और वह है उसका खुद से बतिया पाना
खुद की कह पाना और खुद की सुन पाना
अब तो उसे याद भी नहीं कि उसकी
अपने से बात करती आवाज़
कैसी सुनाई पड़ती है...

कभी सामने पड़ने पर क्या
वह
पहचान लेगी खुद को?

...बहाने से जीवन जीती है औरत

बहाने से जीवन जीती है औरत
थकने पर सिलाई-बुनाई का बहाना
नाज बीनने और मटर छीलने का बहाना
आँखें मूँद कुछ देर माला जपने का बहाना
रामायण और भागवत सुनने का बहाना

घूमने के लिए चलिहा* बद मन्दिर जाने का बहाना
सब्जी-भाजी, चूड़ी-बिन्दी खरीदने का बहाना
बच्चों को स्कूल लेजाने-लाने का बहाना
प्राम उठा नन्हे को घुमाने का बहाना

सोने के लिए बच्चे को सुलाने का बहाना
गाने के लिए लोरी सुनाने का बहाना
सजने के लिए पति-रिश्तेदारों का बहाना
रोने के लिए प्याज छीलने का बहाना
जीने के लिए औरों की जरूरतों का बहाना

अपने होने का बहाना ढूँढती है औरत
इसी तरह जीवन को जीती है औरत
बहाने से जीवन जीती है औरत...

---

* चालिस दिनों तक मन्दिर जाने का संकल्प

औरत

घड़ी की सूइयों (सुई) सी होती है औरत
पीछे नहीं बल्कि कुछ आगे ही दौड़ती हुई...
मस्तिष्क का अलार्म मशीन से मिनटों पहले बज जाता
जाने किस मेक की बनी होती है औरत

कितनी भी अकड़ी हो देह
छह बजते न बजते तन जाती है सीधी
सवा नौ बजे तक घर-बाहर को संतुलित करती
टिक-टिक चलती चली जाती है पौने तीन बजे तक

जैसे सुबह छह से नौ बजे तक का समय भागता
फर्र...फर्र...
सर्र...सर्र...
और अंतस बहिरोन्मुखी होता जाता है पल-पल
उसी तरह अपराह्न तीन से छह बजे तक
पक्षी-सा मन पेड़ की छाँव ढूँढने को व्याकुल
तने-तने फुदकता रहता है

आधी धरती को नापती-फलाँगती
औरत छह बजे फिर खड़ी होती है
लगभग उसी जगह जहाँ खड़ी वह सुबह थी

दस-दस पर बाँहे फैलाए अपने सौन्दर्य को
निहारती औरत
एक सपना अपने गिर्द बुनती है

और बारह बजते न बजते
अपने को सपनों सहित एक थैली में भरकर
खूँटी पर टंग जाती है औरत
सुबह पुनर्जन्म लेने को

चेशायर पूस

उसे पहले पहल मैंने अपने मकान की
पुरानी, बरसों पहले बन्द कर दी गई
धुएँ से काली पड़ गई चौकोर
चिमनी पर लेटे देखा था
उस तेज धूप में उसकी चमकीली काली देह
गोया गायब थी
चौंध का जादू कहें क्या
या फिर वह सचमुच
चेशायर पूस थी
हँसी बरकरार थी—मूँछें उसी से दीप्त
धूप में उसकी हँसी चटकती रही
देर तक

बचपन में हम
चूल्हे के पास कान लगाए
ऊपर छत पर चिमनी के पास खड़े साथी से
बात का मजा लेते थे
माँ के चिल्लाने-खीझने पर हमारा जवाब था
यहाँ तो कोई नहीं
बात फिर भी जारी है
जादू है माँ...यह जादू है
जादू है जी जादू है
हम अपने दोस्तों की बात
सुन लेते हैं जादू के जोर पर

चिलचिलाती धूप में छत और रसोई के बीच
अनवरत आवाजाही रहती थी
कई बार माँ ने भी ठक-ठक सुनी थी
टेलिग्राफ़िक मैसेज का-सा स्वर और बुझ गई थी...

उन दिनों पिता का दुलार ज्वार पर था
कंगन, कई साड़ियाँ, चूड़ियों का नया सेट
खुशबूदार सेंट
जाने क्या-क्या चीजें लाई-मँगवाई गई थीं
नया फ्रिज आया था
और उसी ज्वार में गैस का चूल्हा भी
कई-कई बार माँ ने चूहों के उत्पात से तंग आकर
चिमनी पटवाने की बात कही थी
किन्तु पिता की झल्लाहट में उनकी आवाज दब गई थी

माँ की आँखों के नीचे की झाइयाँ गहराती गईं।

हमने उन दिनों
पिता को प्रगल्भ
और माँ को खामोश होते देखा था
सर्दियों की गुनगुनी दोपहर या गर्मियों की गहराती शामों में
छत पर बैठे चिमनी के उस कोने को टकटकी बाँधे
देखते पाया था
होंठों में कुछ बुदबुदाती भी थी माँ

माँ ने अपने आसपास सोमवारों-शुक्रवारों के व्रतों
और कई पाठों-आस्थाओं का दुर्ग बना लिया था
हम सब उसके बाहर थे
वो भी जिसके लिए ये सारी तपस्या थी!

दादी ने उन दिनों हमें कई बार वो कहानी सुनाई
जिसमें राजा ने सुनहरे बालोंवाली जादूगरनी

के प्यार में कैद होकर रानी को महल से निकाल दिया था
कहानी कहती दादी अक्सर ही रुआँसी हो जाती
सर पर आँचल रख दादा की आत्मा की शान्ति की दुआएँ माँगती थीं
माँ को खबरदार और पिता का बचाव साथ-साथ करती थीं...

उन्हीं दिनों मैंने कई बार दोपहर के सन्नाटे और
रात के अँधियारे में बिल्ली की खामोश आहटें सुनी थीं

माँ चुक गई थी
कोई बड़पूजनी अमावस्या उसके लिए न थी
सुहागिन जाना उसका सबसे बड़ा सौभाग्य माना गया
मुहल्ले भर की औरतों ने उसका बखान किया
बड़ी बड़भागिनी तपस्विनी थी वह
साक्षात् पार्वती!

जहाँ उसे गंगाजल और तुलसीदल दिया था मैंने
और एक दीया बाला था
मैंने आँगन के उस हिस्से को
शिला में बदलते देखा है!

कहानियों की दुनिया में लड़की

कहानियों की दुनिया कितनी अच्छी होती है माँ
इन कहानियों में
राजा हैं, रानियाँ हैं
राक्षस हैं, शैतान हैं
चतुर और खुराफ़ाती मन्त्री हैं
देवता हैं, असुर हैं
अन्धी बुढ़िया और कोख बँधानेवाली बहू है
और तो और माँ
इन कहानियों में बोलने-सुननेवाले ज्ञानी पशु-पक्षी भी हैं
कैसी अच्छी दुनिया होती है माँ
इन कथा-कहानियों की दुनिया

कहानियों में कई-कई बरस
पलभर में बीत जाते हैं
दुःख होता है जो सालता नहीं
तीरें-तलवारें चलती हैं
पर चोटों में दर्द नहीं होता
तुम कहती-कहती सो जातीं
हम सुनते-सुनते सो जाते
कभी नींद खलल नहीं पड़ती है
कैसी अच्छी ये कहानी है
कैसी अच्छी ये दुनिया है

दुःख आते हैं राजा के घर
रानी भगा दी जाती है

कुँवर-कुँवरी का लालन-पालन
जंगल के हवाले होता है
जंगल में पलने-बढ़नेवाले
सिंहों की सवारी करते हैं
अश्वमेघ की सेना से
हठबल के सहारे भिड़ते हैं
रानी के तब भाग हैं जगते
महलों में बुलाई जाती है
राजा-रानी के जय जय की
हुंकार लगाई जाती है।
अन्धी बुढ़िया को गणपति की
अनुकम्पा हासिल होती है
नाती-पोतों, धन-दौलत से
उसकी दुनिया भी बदलती है।

अम्मा
दुष्टों का दलन हुआ करता
अच्छों के भाग ही खुलते हैं
कहानी में दिन जल्दी फिरते
रोनेवाले सब हँसते हैं

पर माँ
ऐसा क्यों होता है कि
कहानी में भी औरत रोती है
वन को जाती और कोख बँधाती
दिन बीतने को वो तरसती है
यह बात मुझे कुछ खलती है
तुम कुछ तो कहो अम्मा मेरी
कोई ऐसी कथा सुनाओ आज
जिसमें हो जीत तेरी-मेरी

पर देखो तुम तो लगीं रोने

अब ऐसा क्या कहा मैंने
कोई नई कथा सुनाओ तुम
बस इतनी माँग रखी मैंने...

अब बैठो तुम बिटिया बनके
और कथा कहूँ मैं कुछ तन के
अम्मा दिन फिरते हैं सबके
यह बात तुम्हीं तो कहती हो...

धुंध में औरत

चीरती धुंध को
निकलती है एक अस्पष्ट आकृति
खुद को समेटे
चौकन्नी-सी
अपने पूरे वजूद से आहटों को सुनती
बेआवाज तेज कदम उठाती
बढ़ती है औरत
धुंध से धुंध तक
चीरती हुई

कुछ आहटें हैं पास
अलाव जलाए, कहकहे लगाते
बुलाते
मनुहार करते
तपिश की माया बुलाती काया को
काँपता है तन
पत्ते-सा
पतझड़ में

मन को समेटती
अपने पूरे वजूद से आहटों को सुनती
बेआवाज तेज कदम उठाती
जा छिपती है औरत
धुंध में

हाँ, वह रोजी थी

मैंने उसके चेहरे पर बचपन से सुनती आ रही
'आम की फाँक-सी आँख' वाली उक्ति को
खरा उतरते पाया।
दुबली लम्बी काया
पीला चेहरा
पीछे को सँवारकर काढ़े गए लम्बे बाल
और लम्बी गर्दन पर टिका वह चेहरा
आँखों में भय, कातरता, क्रोध और सहज समर्पण!

रोजी या गुड्डी, सीता या और कोई नाम
जो बार-बार एक हमसफ़र ढूँढती थी और बदले में
हर बार एक नया नाम पाती थी।
कुछ दिनों बाद वह फिर रोजी बनकर हमारे
मुहल्ले में आने-जाने लगती थी।

पिछले पाँच सालों में हमने उसे कई-कई बार
रोजी बनकर बर्तन माँजते, पोंछा लगाते, कपड़े धोते देखा

हिन्दी फिल्मों की स्क्रिप्टों से चुराकर बनी थी रोजी की कहानी
जो उससे हमने उसकी जुबानी सुनी थी।
माँ की असमय मौत और पिता की दूसरी शादी
पिता की मौत के बाद जवान होती बेटी को
बेचनेवाली सौतेली माँ की कहानी
पति के दलाल और
प्रेमियों को क्रमशः स्वामियों व दलालों में बदलते जाने की कहानी

बीच के अन्तराल में उसने सर तक पल्लू खींचकर
हमारा आशीर्वाद लिया और बहुत कृतज्ञता के साथ
नुक्कड़ पर खड़े 'मरद' को देखा
उस क्षण उसकी सल्लज मुस्कान और आँखों के मद ने
उसके पीले चेहरे को रक्ताभ कर और सुन्दर बना दिया था।

उसने कई नामों को तरह-तरह से जीया
कई धर्मों में उसकी आवाजाही रही
पर बार-बार मुहल्ले की किसी नई कहानी की हिरोइन
बनकर वह वापस अपने मूल नाम पर लौटती रही।

मुहल्ले में उसके कुछ और नाम प्रचलित थे
घर की औरतें उसे देखते ही मुँह बिचका जवान बहू-बेटियों को
भीतर भेज देती थीं
और मनचले सीटी बजाते साथ हो लेते थे

पिछली बार मैंने उसे जब
वापस इधर आते देखा
तो उसकी चाल कुछ जुदा थी
गर्दन उठा वह जरा तेज ही रफ्तार में चल रही थी
दूर से भी उसकी आँखों की ज्वाला
साफ़ दिखाई देती थी...
क्या वह रोजी थी?...
हाँ, वह रोजी थी!

बीजल से एक सवाल

कैसेट तले बेतरतीब फटा कॉपी का पन्ना
कुछ इबारतें टूटी-फूटी
शब्द को धोता बूँद भर आँसू
पन्ने का दायाँ कोना तुड़ा-मुड़ा
मसल कर बनाई चिन्दियाँ
फैलीं इधर-उधर
कुछ मेज पर
कई सलवट पड़ी चादर पर
तो बेशुमार कमरे में

फर्श पर इधर-उधर
टूटे बिखरे पंख और रोएँ
कमरे में कैद पंछी के
फड़फड़ाता
उड़ता
निकलने को व्याकुल
खुले आकाश में

एफ़ एम चीखता
घड़घड़ाता ट्रांजिस्टर
थका...
थका...

दरवाजा औंधा पड़ा था धराशाई
सामने टंगी थी एक आकृति

सफ़ेद सलवार पहने
चेहरा छिपाए
पंखे के ब्लेड से
'दीदी' चीखा था भाई
'बिट्टो' चिल्लाए पिता
माँ खड़ी थी मुँह में आँचल दबाए
फटी आँखों से धूरती
लटकती देह को
जिस पर चोटें अब भी ताजा थीं
पाँवों और कलाई पर
कसी गई रस्सी की
चाकू के नोक की
सिगरेट के झुलस की
जिन पर आठ दस मक्खियाँ अलसाई-सी बैठी थीं
और जाने कितनी भिनभिना रही थीं आस-पास
बेखौफ़
बाएँ पैर के अँगूठे पर बँधी पट्टी से
रिसता खून सूख गया था
सब कुछ ठहर गया था
एक उस पल में
छोड़ भिनभिनाती मक्खियों के
घड़घड़ाते ट्रांजिस्टर के
और थके कमजोर पंखों पर
शरीर तोल
घायल पंखों को फैला
बाहर उड़ने को व्याकुल पंछी के
जो बार-बार कभी
मुड़े पंखे पर बैठता तो
कभी खिड़की की सलाखों पर
कभी छत से टकरा
नीचे गिरने को होता

और किसी तरह
घायल कमजोर पंखों के सहारे ही
खुद को उड़ा लेता इधर-उधर

चीख सुन पट-पट खिड़कियाँ खुलीं
जंग खाए कब्जोंवाले
कई-कई दरवाजे खुले चर्र...मर्र...चीं चुड़क् कृ...
धड़-धड़ भागते हुए कदमों की आवाजें
पल भर बाद ही खड़ा था जनसमूह
घर के दरवाजे पर
आँखों में कौतुक और दिल में छुटकारे का चैन लिए
कि यह तो होना ही था
होना भी यही चाहिए था
पर (तो) कहा जनसमूह ने
आह! यह क्या हो गया
कैसे हुआ यह सब?
मानो कहना चाहता था
अब तो चुप्पी तोड़ो
कहो क्या हुआ था उस रात
उस 'हादसे' की रात
आगे बढ़े लोग
पंछी पंख फड़फड़ा खिड़की पर जा बैठा सिकुड़ा-सा
बेचैन कातर नज़रों से ताकता
प्राणों की भीख माँगता

अनकही कहानी खुद गढ़ते थे लोग अब
सामने शरीर था कल्पना उकसाता
नज़रें अब शरीर तौलती थीं
भिन्न-भिन्न कोणों से
लम्बाई औसत सही
उभार मन भावन
त्वचा की लुनाई नीलेपन से और उभर रही थी

चेहरा ढँक-सा गया था
काश! वह भी दिख पाता
पर हाँ, याद आया
आँखें बड़ी-बड़ी
कभी चौंकती कभी असमंजस में जड़ी
उँगलियाँ लपेटती थीं
दुपट्टे का सिरा
पर कदम ऐसे मानों
मौका मिलते ही
थिरकने लगेंगे
पृथ्वी नाप लेंगे...पलभर में
आत्मा की हलचल कौंधती थी देह में
फूट पड़ती थी कभी गीतों के बोल में
रेडियो के संग-संग
आज लटकी पड़ी थी वही देह शान्त
सब देखने-सुननेवालों को करती अशान्त

क्या हुआ था उस रात
उस हादसे की रात

कोरी चुनरिया-सा
औरत का जीवन
पल भर में दाग लगे
पल भर में खोंच

जग की निगाहों से बचती-बचाती
पिता की दहलीज से चिता की दहलीज तक
बीच पति गेह
जानती है वह भी
तो मानती है क्यों नहीं
लाँघती क्यों बार-बार वह लखन रेख...

मन्त्रोच्चार-सी ये बातें कही गईं सुनी गईं
बिना कहे सुने भी
आत्मा बस भटकती रही कमरे में बन्द पंछी-सी
सिर्फ उसे पता था
क्या हुआ था उस रात
उस हादसे की रात
भय में
पीड़ा में
मृत्यु में
बदलती
विश्वास की रात
आनन्द की रात

प्रेमी था वह तो
फिर क्यों किया उसने ऐसा व्यवहार

औरत का प्रेम तो
संशयों पर पलता है
समाज की निगाहों से
संस्कार की जकड़नों से
अहं के भावों से
बचता-टकराता
विश्वास की डाल पकड़
बेल-सा चढ़ता है
(आत्मा से देह तलक)

औरत के लिए प्रेम
जीवन की सीप में
स्वाति की बूँद बन
मुक्ति-सा पलता है

बूझ नहीं पाता यह

आत्ममुग्ध हिंस्र पौरुष
जिसके लिए प्यार-व्यार तिरिया चरित्तर है
टाईमपास भर

गुड़िया-सी सजी धजी
गुड़िया-सी चाभी लगी
गुड़िया-सी गुंगी ही
औरत उसे पसन्द
बोलते ही गुड़िया को तोड़ता मरोड़ता वह
आत्मा फिर भी बची रहती
प्रश्नों के रूप में
फन काढ़े नागिन को
पाँवों से कुचलता वह
बेइज्जती के
बना छोड़ता उसे बस देह भर
कपड़े-सा बरतकर फेंक देता उसे
गलियों में
पाँवों तले रुँदने को
चिथड़े-सा

टूटा विश्वास डाल
टूटी सब आस
झूठे सब बन्धन
होता यही अहसास
पल-पल के ताँसने से

पर सुनो तो बीजल
सच क्या इतना भर था
बस इतना भर

कहो तो
क्या सच ही

औरत का जीवन
बस कोरी चुनरिया है?
पूछता कबूतर है
घायल कबूतर
एकटक देखता वह
लटकती देह को

काँपता है...
चीखता है...
फड़फड़ाकर उड़ता है
ऊँचे आकाश में
चील-सा

सुना है तुमने कभी
कबूतर को चीखते
देखा कभी उड़ते उसे ऊँचे आकाश में
चील-सा?

आत्मा फिर भी बची है
प्रश्नों के रूप में

मैंने ठान लिया है...

मैंने ठान लिया है...

मैंने ठान लिया है कि मैं वह सब करूँगी
जिसे मैंने मान लिया था कि मैं कर नहीं सकती
मसलन कविता करना
शब्दों के ताने बाने में उलझकर
कुछ ऐसा बुनना
जिसे देखा नहीं सुना जा सके
महसूसा जा सके

तुमने मुझे बन्द कर दिया था
एक रंग-बिरंगे कमरे में
और मैं तुम्हारी उँगली थामे उसमें से बाहर निकल
तुम्हारी आँखों से दुनिया देखती
और तुम्हारी भाषा में बतियाती
चहकती गाती फिर उस कमरे में खुद जा बैठती थी।
अपने पंख मैंने खुद ही काट दिए थे
क्योंकि दादी, नानी, माँ, बुआ
सबको इसी शृंगार में देखा था
और मान लिया था कि रूप यही है

मुझे ताज्जुब होता था
जाबाला का उत्तर पढ़कर
द्रौपदी का आक्रोश देखकर
और याज्ञवल्क्य का व्यवहार सहज जान पड़ता था

कि एक दिन अचानक

कि एक दिन सपने में मुझे गार्गी का अट्टहास सुनाई पड़ा
तड़प रही थी तब से अब तक मुक्ति की तलाश में
मुझे देख विद्रूप से मुस्काई और आगे बढ़ गई
उसकी हिकारत के कोड़े के घाव से
अब भी रिस रहा है खून
फट गया है माथा
और अब तक की सारी आस्थाएँ
विचार और सपने
चूर-चूर हो गए हैं
एक हवा का झोका दरारों के रास्ते रक्त की शिराओं
में जा घुसा है
और झिंझोड़ कर रख दिया है उसने
पूरे शरीर को मय चेतना के

इन दिनों मैंने घर की तमाम कैंचियाँ छिपा दी हैं
खुद अपने से भी
और भूल जाना चाहती हूँ वे जगहें
जहाँ वे दुबकी पड़ी हैं
कुछ को तो मैंने खुद ही बच्चों को दे दी हैं
कि वे उनसे खेला करें
उनकी धार भोंथरी कर दें और
खेल-खेल में ही उन्हें गुमा दें।

बड़ा मजा आता है आँधी-पानी के दिनों में
खिड़कियाँ-दरवाजे खोल देने में
बच्चों के संग कागजी जहाज उड़ाने
और नाव चलाने में
कभी-कभार चट्टानों पर चढ़कर कूदने में
और दूर तक दौड़कर चन्दा को अपने साथ-साथ चलाने
और छकने-छकाने में।

प्रिय!

अब मैं तुमसे दोस्ती करना चाहती हूँ
और चाहती हूँ कि तुम मेरे संग
सूर्यदेश की यात्रा पर चलो

और हाँ
पिछले दिनों याज्ञवल्क्य से चलते-चलते हुई मुलाकात
एक लम्बी बहस में बदल गई है
क्या तुम मेरे साथ उनसे बहस में उलझोगे?

सन्तुलन

सृजन के बीहड़ों में मैंने कदम रखा
कई सालों बाद
टो...टो...कर
तलाशनी चाही जमीन
कुछ उसी अन्दाज में
जैसे बच्चा माँ का स्तन ढूँढता है
और न मिलने पर झुंझलाकर रो देता है
वहाँ बाँह उसे थामने और हाथ उसका मुँह
स्तन तक ले जाने को मौजूद होते हैं...
यहाँ?

मैंने ऊपर उभरे एक नुकीले चट्टान को जकड़ लिया
और एक पाँव को हिलाया
कुछ झाड़ियाँ, काँटे और पत्तों की खड़खड़ाहट
निविड़ अन्धकार

एक हाथ नुकीले चट्टान पर
और बाँया पैर उसी की तलहटी पर टिका
(दूसरे पैर के लिए जगह न थी)
दाएँ हाथ को
डैने-सा फैला मैं टिकी (!) रही।
सन्तुलन!
फेफड़ों में कहीं हँसी गूँजी
और बाएँ पैर के नीचे से एक टुकड़ा पत्थर
आवाज गुँजाता गिरता रहा देर तक

कुछ सरसराता पीछे से गुजरा
और बगल की झाड़ियों से चिड़ियों
के चहचहाने-चीखने की आवाज़ें आईं
बाँईं आँख की कनखियों से
पाँच मोरों को
एक-दूसरे के पीछे
कवायद-सा करते जाते देखा
ताज और पंख विहीन

फिर सब निस्तब्ध
अन्धकार
सन्नाटा
सन्तुलन

ओम् हूम जूम सः

मैंने चाहा...

मैंने चाहा कि जीवन कविता हो जाए
और उसके तमाम पदों को
लिखने, सँवारने, मिटाने और फिर से
लिखकर पूरा करने की छूट मिल जाए
मुझे
कवि को

मैं दौड़ गई हरी वादियों की ओर
और आकाश को सामने फैला दिया कागज की तरह
कुछ शब्द उकेरे
और रेखाएँ खींच दीं आड़ी-तिरछी
वैसे ही जैसे मेरे पुराने नोट्स में
देखने को मिलती हैं
कुछ आँखें, ओंठ और फूल पत्ते
फिर मैंने आकाश को मोड़कर नाव बना लिया
और उस पर बैठकर
तिरने लगी।
उस समय दिन के ठीक बारह बजे थे
और सूर्य ऐन सिर के ऊपर खड़ा मुस्कुरा रहा था
और अब आकाश नीलकंठ के पंखों में
सिमट गया था
जो ऊपर नीचे दाएँ-बाएँ उड़-उड़ कर
मेरी मुंडेर पर बार-बार आ बैठता था
मुझे माँ याद आई
और आँखें झट मुंद गईं

मन ही मन मैंने नीलकंठ से कुछ माँग लिया
ठीक उसी तरह जैसे माँ नीलकंठ को देखते ही
आँखें मूँद बुदबुदाने लगती थी और
फिर उसके लिए कुछ दाने बिखेर देती थी
सूर्य तब भी आकाश के कोने पर बैठा
मुस्करा रहा था और धीरे-धीरे
गुलमोहर के फूलों में
सिमटने की तैयारी में था
मैंने वे फूल चुन लिए
और उन्हें अपने आँचल के कोर में बाँध लिया

उसमें बँधा आकाश
सतरंगा हो चला है
जिसकी सतरंगी आभा से दीप्त हूँ
मैं अब तलक...

पुनर्जन्म

बाहर बरामदे में पैर लटका
गीले बालों को धूप में फैलाकर
ज्यों ही बैठी कि ढेर सारे सूखे पत्तों-तिनकों ने
दौड़कर मेरा स्वागत किया
और बड़ी देर तक मेरा मुँह ताकते रहे
उसी उत्सुकता से
जैसे
बाबू-मन्नू कहानी सुना करते हैं
कौर मुँह में लिए
एकटक

मैं अपने ही गुनताड़े में लगी
उन पत्तों-तिनकों की उपस्थिति भूल गई
और फिर देखा
वे साईकिलवाले के पीछे दौड़ लिए हैं
झुंड के झुंड
कुछ पीछे भगे जा रहे हैं
तो कुछ ताक रहे हैं
खड़े-खड़े
साथियों और साइकिलवाले दोनों को एकटक!

सूरज हल्के बादलों के पीछे है अमरूद की फुनगियों के उस पार
और नीम के ऊपर बैठी कोयल कूक रही है
नारियल का तेल पिघल चला है
भीतर-बुखार से तपती देह लिए बाबू सोया है

उसके कसमसाने की आवाज आई—"मम्मी"
मैंने सुना 'फिर क्या हुआ...'
कहा—
पुनर्जन्म!

दीवाल पर कमल

मेरे घर का दरवाजा काले की हद को
छूता हुआ बादामी रंग का है
सपाट चिकना कोबरा साँप की पीठ-सा ठंडा।
उसके आर-पार रोशनी या हवा नहीं गुजर सकती
खुला रहने पर भी उससे अन्दर आती रोशनी
कुछ काली-सी दिखाई पड़ती है
और हवा घर के कोनों के सीलन को कभी
सुखा नहीं पाती

एक दिन जब बाहर तेज बौछार पड़ रही थी
और बत्ती भी गुल थी
मेरे बच्चों ने दीवार पर कुछ पेड़-पौधे
और हवा में टँगी हुई-सी
झोंपड़ी उकेर दी

इसी तरह गरम दोपहरी में जब लू चला करती है
और हवा सायं-सायं करती पेड़ों को भी बकबकिया
बना देती है
उन्हीं दोनों शैतानों ने घर भर में
कई पौधे, सूरज, चाँद, झोंपड़ी सब
बना डाले सीलन जड़ी दीवारों पर

कई बरस बाद उनकी चिट्ठी के उजास में
देख रही हूँ कि
दीवाल पर इक कमल खिल गया है—शतदल!

माँ-1

माँ
मानो तट की ओर लौटतीं सागर की उत्ताल लहरें
मानो जमीन के भीतर बीज का फूटना
जिसके बल पर पेड़ तन कर खड़ा होता है आँधी-तूफान झेलता
मानो कार्तिक पूर्णिमा का चाँद
मानो आषाढ़ की पहली बारिश के बाद की मिट्टी की गन्ध
पर ये सब मानो माँ को कविता की भाषा में याद करना है...

आज चालीस पार (पैंतालिस पास) की इस उम्र में भी
माँ की स्मृति सागर के बीच फैले छोटे-छोटे द्वीपों की तरह है
जिनकी यात्रा का न कोई क्रम है
और न जो एक बार में मुक्कमल हो पाती है कभी
हाँ, कभी-कभी
इन द्वीपों के बीच बहने वाले जल की तमाम बूँदें
मानो हाथ थाम साथ बहने लगती हैं
एक सिरे से दूसरे सिरे तक
तब माँ की पहली मुस्कान की स्मृति से
सब दीप्त हो उठता है
इन्द्रधनुष-सा जीवनाकाश में

कमने में अँधेरा कर
कान में धीमे-धीमे उँगलियाँ फिराकर सुलाती माँ
सेंक-सेंक कर पराठों में गुलाब के फूल बनाती माँ
अपनी थाली से अपने मनपसन्द पकवानों को भी
मेरे खातिर कटोरी में निकाल अलग रखती माँ

पड़ोसिन की नजरीली निगाहों से छिपा मावे के लड्डू पकड़ाती माँ
बीमार हो जाने पर दवा के साथ नमक-मिर्च का धुआँ खिलाती माँ
और फिर सिरहाने चाकू के साथ काली माँ का भभूत दुबकाती माँ
ठिठुरती सर्दी में अपनी रजाई को
मुझ पर लपेटती माँ
और गर्मी में अपने हिस्से का शरबत पिलाती माँ
पढ़ाई या खेल में अव्वल आने पर या
अचानक किसी रोज खूब स्वस्थ सुन्दर दिखने पर
आँखें मूँद जाने किन-किन देवी-देवताओं से दुआ माँगती माँ
बार-बार सर सहलाकर चूमती-असीसती माँ
और फिर तुरन्त ही नमक वार खुद की नजरें उतारती माँ...

बड़े होने पर कितनी ही बार बहुओं से नज़र बचा
कान की लौंग, अँगूठी या बिछिया पकड़ाती माँ

कई सालों तक माँ ऐसी ही असंख्य स्मृतियों में बँधी रही
फिर उस दिन अपने शिशु को पहली बार बाँहों में
भरकर गले लगाया तो
स्तन से बहते दूध की पहली धार के साथ
उभरी थी माँ के देह की गन्ध
और मैंने
माँ की मुस्कान अपने चेहरे पर तब देखी
जब मेरा बच्चा पहली बार 'म्माँ' बोला...

माँ-2

माँ
कई बार सोचा मैंने कि तुम्हें उन्हीं शब्दों में याद करूँ
जिन शब्दों में कविगण माँ को याद करते हैं
ऐसे शब्द
जिन्हें पढ़ते-सुनते ही
मन भाव-विह्वल और
आत्मा का विस्तार हो जाता है
आँखें भर आती हैं
उज्ज्वल भावों की चमक से
सब कुछ उमगने-सा लगता है
और
मन के एक कोने में कसक उठने लगती है कि
माँ
तुम वैसी माँ क्यों नहीं हो
कि मैं तुम्हें उन्हीं उज्ज्वल, भाव-विभोर
शब्दों में याद कर सकूँ
जिनसे कवि तुम्हें याद किया करते हैं
निर्द्वन्द्व...

मैं जब-जब तुम्हें याद करती हूँ माँ
तो
कुछ पल कई अनेक पलों को ढकेलते आगे
बढ़ने लगते हैं
और पीछेवाले आगेवालों का कॉलर पकड़
अपने कदम आगे बढ़ा लेते हैं

अजब धक्का-मुक्की-सी शुरू हो जाती है माँ
फिर तुम उसी भीड़-भड़क्के में खो जाती हो
और मैं किसी दूसरे ही काम में लग जाती हूँ...

अब सुनो जरा
मुनवा से छिपा आखिरी बची मिठाई
मेरी हथेली में रखती तुम्हारी मूरत को
वो मूरत पछाड़ देती है
जब दीदी के लिए रखे आम मैंने चूस लिए थे
और दीदी की रुलाई के साथ-साथ मेरी धुनाई चली थी
देर तलक
अब बताओ जरा कोई ऐसी बड़ी बात थी यह
जिसका इतना तमाशा रचा तुमने
जाने कौन-कौन-सी गलतियाँ बखानीं
जिनको याद करते ही मन अब भी कसैला हो जाता है
यह भी तो तुम्हीं थी न माँ?

हर साधू-भिखारी को इकन्नी-दुअन्नी देतीं
असीस पातीं दमकती तुम्हारी सूरत याद है मुझे
तो फिर उस दिन क्या हुआ तुम्हें
जब मैंने एक चादर दे दी नंगे फकीर को
यह क्या तरीका हुआ कहो तो?

अपनी पसन्द की सब्जी
भुनी हरी मिर्च
या रोटी की जगह चीले देख कर तुम्हारी आँखें
किस कदर भर आती थीं
थाली लेते तुम्हारी उँगलियों की छुअन
हल्की कम्पन
एक कथा कह जाती शरीर में
याद आतीं वे रातें
जब कहानी कहतीं-कहतीं तुम

ऊँघ जातीं और तुम्हारी पलकों को उघाड़
तुम्हें जगाने की कोशिश में माँ
कभी तो झिड़कियाँ सुनकर
या कभी आगे की कथा सुनते-सुनते मैं सो जाती
तुम्हारे गर्म आगोश में
एक आश्वस्त नींद
इसी तरह पल-पल असीसती तुम्हारी आवाज
लौटती बेर एक बार और देख लेने को आतुर तुम्हारी आँखें
क्या-क्या नहीं याद आ रहा इस पल माँ
मन भीग रहा अमृत रस में...

पर वह भी तो तुम्हीं थीं न माँ
जब सुना व्रत-पूजा में मेरी आस्था नहीं रही
तो चल दीं उसी क्षण बक्सा उठा
भूल गईं सभी बातें सहज ही
प्यार की...ममता की...दुलार की...त्याग की...
याद रखीं बातें तुमने जात-कुजात की
रीति-रिवाज़ और परम्परा-विश्वास की
मरते तक झूलती रहीं अधर में
प्यार से परम्परा
और
सम्मान से संस्कार तक
जूझती
रीझती
खीझती रही सदा

तो माँ तुम मेरी याद में
अवधारणा की तरह नहीं
बल्कि कई-कई पलों में
गुंथी
खुद अपनी ही तरह से आती हो
गुदगुदाती

हँसाती
खिझाती
रुलाती
कभी गुस्सा भड़कातीं
तो कभी होने का बोध करातीं...

सपने में माँ

वह एक रोशन, हवादार कमरा था
अन्दर जाने पर जिसमें सामने
एक दो-अंचिया चूल्हा था
दोनों आँचों पर बड़ी-बड़ी डेगचियों में
कुछ पक रहा था
सब कुछ सोंधी गन्ध से गमक रहा था।

माँ वहीं, चूल्हे को अगोरती बैठी थी सामने ढेरों सब्जियाँ फैलाए
काट रही थी—
आलू, कटहल, काशीफल...
और जाने क्या-क्या

माँ रोज की तरह
खाना पकाने में लगी थी
माँ को मैंने हरदम कुछ न कुछ करते ही पाया था
याद नहीं पड़ता कि वह कुछ पलों से ज्यादा
बैठी हो हमारे पास
बिना कुछ किए धरे

गर्मी की लम्बी दोपहरी में
पानी बिखेर ठंडा किए फर्श पर
जब कभी बैठती थी हमारे संग
तो भी हाथ में कभी क्रोशिया
तो कभी थाली होती
अनाज-मसाले भरी

बतियाती...बीनती जाती
संग संग

कभी-कभी हाथ में नहीं तो
दिमाग में ही कई काम होते
उस रात सपने में भी
माँ आई तो
रसोई में मिली
खाना पकाती
सब्जियाँ छीली-काटती

कुछ खास बात न हो सकी उससे
उसे रसोई भी तो साफ करनी थी
और उस साफ-सफाई के बीच ही
आँख खुल गई
और
वो चली गई

एक बार फिर
बातचीत हो ही नहीं पाई उससे

शब्दों में तो यूँ भी कम ही बोलती थी माँ...

बेटी के लिए एक कविता

किसके लिए कविताएँ रचूँ मैं
तेरे लिए बिटिया या तेरे भाई के लिए

बड़ी होकर जब तू रोटी बेलेगी
तो तुझे बतलाया जाएगा कि रोटी ही कविता है
और जब अपने नन्हे बच्चे की गरमाहट को पहली बार
अपनी छाती पर महसूस करेगी तो समझेगी यही कविता है

ऐसा नहीं कि रोटी बेलने, घर सँवारने, सजने-सँवरने या
बच्चे को जन्मने-पालने में कविता नहीं है
पर शब्दों से रची कविता की अपनी ही दुनिया है बिटिया
और बड़े होने पर इन्हीं शब्दों से औरत दूर होती जाती है
और उसे याद ही नहीं रहता कि शब्द ही ब्रह्म है
रचना और रचयिता साथ-साथ

प्यारी बिटिया
शब्द के बिना
दूब से लेकर चीड़ का पेड़ तक
एक से हरेपन का आभास देते हैं
पर सब जानते हैं कि दूब, धान की झूमती बाली
बरगद के बूढ़े पत्ते और देवदारू के ठिठुरे पत्तों के
हरेपन में खूब फर्क है

बेटी! शब्द की अर्थवत्ता जाने बगैर
लांगुरिया गाते हुए प्रेम और प्रीत के फर्क को समझना मुमकिन नहीं

और भावनाओं के घालमेल में बेरोक धँसते जाना ही नियति है
और तो और अपने बच्चे का दुःख, उसकी शिकायतें
और खेल-खेल में उसका रुठना तक पहेली हो जाता है।
दरअसल यही शब्द तो हमें स्पर्श व भाव का सच्चा अर्थ बताते हैं
और हममें अपनी बात कहने का साहस जगाते हैं

बच्ची 'क' से केवल 'कबूतर' नहीं 'कल्पना' भी होती है
और 'अ' से 'अनार' नहीं 'अपना' भी बनता है
जो शब्द के दायरे से टूट कब अनजान हो जाते हैं
औरत को पता ही नहीं चलता
और उसकी दुनिया से 'कल्पना', 'सपना' और 'अपना'
दूर चले जाते हैं
और वह क्रमशः ब्रह्म से विलग होती जाती है
बूँद केवल बूँद रह जाती है
नाम वंश हीन!

तो इस धरती पर अपने नाम का प्रथमाक्षर छोड़ने के लिए भी
शब्द साधना जरूरी है बेटी

यह कविता मैं तेरे लिए ही रच रही हूँ
तेरे भाई को मेरी बातें शायद कुछ असहज लगेंगी
क्योंकि उसके लिए शब्द सहज सग्राह्य हैं
और अर्थ परम्परा पोषित
वंश बेलि की निरन्तरता का उद्घोषक
'संसार' का केन्द्र है वह।
शब्द पर मेरा इतना बल उसे कुछ हास्यास्पद ही लगेगा
मेरी बच्ची

पर तू इसे पढ़ जाना बार-बार
और समझने की कोशिश करना कि
द्रौपदी को पुंश्चली किसने बनाया
जाबाला को बेटे का प्रश्न कैसा लगा?

सीता ने अग्निपरीक्षा दी थी या राम ने सीता की अग्नि परीक्षा ली थी?
पृथ्वी ने सीता को गोद में लिया था या वह खुद ही भूमिसात हुई थीं?

इन अर्थों को बूझने के लिए भी शब्द साधना जरूरी है
तू सदा याद रखना कि
शब्द ही ब्रह्म है
और ब्रह्म ही सत्य
जिसकी साधना तुझे भी करनी है हर पल...

●●●